U0636527

会计智能化趋势下的
财务管理研究

庞中标◎著

中国商务出版社
·北京·

图书在版编目（CIP）数据

会计智能化趋势下的财务管理研究／庞中标著.
北京：中国商务出版社，2024.6. -- ISBN 978-7-5103-
5325-3

Ⅰ. F275

中国国家版本馆 CIP 数据核字第 20247V4P10 号

会计智能化趋势下的财务管理研究

庞中标◎著

出版发行：中国商务出版社有限公司

地　　址：北京市东城区安定门外大街东后巷 28 号　　邮　　编：100710

网　　址：http://www.cctpress.com

联系电话：010—64515150（发行部）　　　　010—64212247（总编室）
　　　　　010—64515164（事业部）　　　　010—64248236（印制部）

责任编辑：云　天

排　　版：北京天逸合文化有限公司

印　　刷：宝蕾元仁浩（天津）印刷有限公司

开　　本：710 毫米×1000 毫米　1/16

印　　张：12　　　　　　　　　　　　字　　数：177 千字

版　　次：2024 年 6 月第 1 版　　　　　　印　　次：2024 年 6 月第 1 次印刷

书　　号：ISBN 978-7-5103-5325-3

定　　价：79.00 元

凡所购本版图书如有印装质量问题，请与本社印制部联系

版权所有　翻印必究（盗版侵权举报请与本社总编室联系）

前　言

随着人工智能、大数据等智能化技术的飞速发展，会计行业正经历着前所未有的变革。本书深入探讨了智能化技术在会计领域的应用及其对财务管理的深远影响。本书共分为六章，系统地分析了会计智能化的发展趋势、智能化技术在会计领域的应用、对会计人员角色的影响以及智能化技术对会计教育的挑战。

本书第一章"会计智能化概述"首先介绍了智能化技术在会计领域的崛起背景，以及其对财务管理的显著影响。本章还探讨了会计人员在智能化趋势下的角色转变，并提出了会计智能化的研究方法论，为后续章节的深入分析奠定了理论基础。第二章"智能化技术在财务报告中的应用"详细讨论了人工智能在财务报告生成中的关键作用，以及大数据分析如何与财务报告相结合。该章还分析了智能化技术对财务报告标准与规范的影响，以及其对财务报告透明度和可靠性的积极作用。第三章"智能化技术在财务分析与预测中的应用"深入探讨了智能化技术在财务数据分析中的应用，以及预测分析与智能化预测模型的构建。本章还评估了智能化技术对财务指标预测精准性的影响，并探讨了智能化系统在财务风险评估与管理中的关键作用。第四章"智能化技术在财务决策中的应用"全面分析了数据驱动的财务决策模型，以及智能化技术对财务规划、预算、融资决策、投资决策、成本管理及内部运营决策、利润分配决策的影响及对财务风险管理的优化。第五章"智能化技术在企业内部控制及风险管理中的应用"讨论了智能化技术对内部控制框架的影响，以及其在风险管理、内部审计、信息安全与防护管理中的应用。第六章"智能化技术在会计教育与培训中的应用"探讨了智能化技术如何改变会计教学模式，以及智能化技术在会计专业技能培训中的应用。该章还讨论了智能化技术对会计人员终身学习的重要性，以及其对会计教育体系的改革需求与带来的挑战。

　　本书旨在为会计专业人士、学者以及对会计智能化感兴趣的读者提供深入的洞见和指导。通过对智能化技术在会计领域的应用进行系统性的研究，本书揭示了会计智能化的趋势及其对财务管理实践的深刻影响，期待为会计行业的未来发展提供有价值的参考。

作　者

2024. 2

目　录

第一章　会计智能化概述

随着信息技术的迅猛发展和广泛应用，智能化已逐渐渗透到社会经济的各个领域，会计领域也不例外。传统的会计工作方式正面临着一场深刻的变革，会计智能化已成为财务管理领域发展的必然趋势。本书旨在深入探讨会计智能化趋势下的财务管理研究，以期为实践中的财务管理提供理论支撑和实践指导。

会计智能化，即通过应用人工智能、大数据、云计算等现代信息技术，实现会计工作的自动化、智能化和高效化。它不仅改变了传统会计工作的方式和流程，更对财务管理理念、方法和手段产生了深远的影响。在会计智能化的趋势下，财务管理正逐步从烦琐的手工操作转向智能化的决策支持，从单一的核算职能向多元的管理职能转变。

本章作为会计智能化的概述，首先，梳理了智能化技术在会计领域的崛起过程，分析了智能化技术对会计工作带来的革命性变化。探讨了会计智能化对财务管理的影响，包括提升工作效率、优化资源配置、加强风险控制等方面。其次，本章还关注了智能化趋势下的会计人员角色转变，分析了会计人员如何适应智能化时代的挑战，提升自身素质和技能。最后，本章还介绍了会计智能化的研究方法论，为后续章节的深入研究提供了理论框架和研究路径。

通过对会计智能化的全面概述，本书为后续章节的深入研究奠定了坚实的基础。本书期望通过系统的分析和研究，为财务管理领域的发展提供新的思路和方法，推动会计智能化的进一步发展，为企业的财务管理实践提供有益的参考和借鉴。

第一节　智能化技术在会计领域的崛起

随着全球经济一体化的加速和市场竞争的加剧，企业对会计信息的准确性和时效性要求越来越高。智能化技术能够满足这些需求，帮助企业及时获取和处理会计信息，提升竞争力。然而智能化技术在会计领域的崛起也面临着一些挑战和问题。例如，技术的成熟度、安全性、隐私保护等方面仍需进一步完善。同时，会计人员也需要不断提升自身技能，适应智能化时代的需求。

智能化技术在会计领域的崛起是科技进步和市场需求共同作用的结果。它带来了会计工作的效率提升和数据分析的精准化，为企业提供了更有力的决策支持。然而面对挑战和问题，我们需要持续关注和研究智能化技术的发展趋势和应用前景，推动会计领域的持续创新和发展。

一、会计智能化的发展历程

进入 21 世纪，随着互联网、大数据、人工智能等技术的快速发展，会计智能化开始崭露头角。云计算技术的应用使得会计数据可以存储在云端，实现了数据的实时共享和远程访问，这大幅提升了财务管理的便捷性和效率。大数据技术的引入使得会计系统能够处理海量数据，从中挖掘出有价值的信息，为决策提供有力支持。此外，人工智能技术的应用使得会计系统具备了学习、推理和决策的能力，能够自动完成复杂的会计任务，甚至预测未来的财务趋势。

随着技术的不断发展和应用，会计智能化将进一步提升财务管理的水平和效率，为企业的发展注入新的活力。未来，有理由相信，会计智能化将成为财务管理领域的重要发展方向，引领行业走向更加智能、高效和可持续的未来。

在这一过程中，我们也需要认识到，会计智能化并不是对传统会计工作的简单替代，而是对传统会计工作的一种升级和优化。智能化技术的应用，使得会计人员能够从烦琐的数据处理工作中解脱出来，有更多的时间和精力去关注企业的战略规划和决策分析。同时，智能化技术也能够帮助会计人员更好地理解和把握企业的财务状况和经营成果，为企业的决策提供更加准确、全面的信息支持。

会计智能化的发展还需要关注其对社会经济环境的影响。随着智能化技术的广泛应用，会计数据的获取、处理和应用将更加便捷和高效，这将有助于提升整个社会的经济效率和竞争力。然而，也需要关注智能化技术可能带来的风险和挑战，如数据安全、隐私保护等问题，需要在推进会计智能化的过程中加强监管和规范。

会计智能化的发展历程是一个充满机遇和挑战的过程。我们需要积极拥抱智能化技术，充分利用其优势为财务管理带来革命性的变革。同时，应保持清醒的头脑，审慎对待智能化技术可能带来的风险和问题。只有这样，我们才能真正实现会计智能化的可持续发展，为企业的财务管理和社会的经济发展贡献更大的力量。

二、智能化技术在会计实务中的应用现状

随着科技的飞速发展，智能化技术已经渗透到会计实务的各个环节，对会计工作产生了深远的影响。智能化技术的应用不仅提高了会计工作的效率，还提升了财务管理的精准性和前瞻性。那么，智能化技术在会计实务中的应用现状究竟如何？其在实际操作中存在哪些问题？这些都是当前会计领域亟待探讨的重要课题。

从现状来看，智能化技术在会计实务中的应用已经取得显著的成果。一方面，自动化会计软件的出现使得数据录入、核算等基础工作实现了自动化，大大减轻了会计人员的工作负担。另一方面，基于大数据和人工智能技术的财务分析系统，能够实现对海量数据的快速处理和分析，为企业的决策提供有力支持。智能化技术还在财务预测、风险管理等方面发挥着重要作用，为

企业的稳健发展提供了有力保障。

然而，尽管智能化技术在会计实务中的应用取得了显著成效，但仍然存在一些问题。例如，智能化系统的稳定性和可靠性尚未完全得到保障，一旦出现故障或数据泄露等问题，将给企业的财务管理带来巨大风险。此外，智能化技术的应用需要大量的数据支持，但目前会计数据的收集、整理和利用仍存在不足，导致智能化系统的分析结果可能存在偏差。智能化技术在会计实务中的应用也对会计人员的素质提出了更高的要求，他们需要具备更强的数据分析和处理能力。

针对以上问题，我们需要进一步加强对智能化技术的研究和应用。首先，应该加强对智能化系统的稳定性和可靠性的研究，以提高系统的安全性和稳定性。其次，需要加强对会计数据的收集、整理和利用，以提高数据的质量和准确性。最后，应该加强对会计人员的培训和教育，提高他们的智能化技术应用能力。

智能化技术在会计实务中的应用现状既展现出了其巨大的潜力和优势，也暴露出了一些问题和挑战。未来，我们需要进一步加强对智能化技术的研究和应用，推动其在会计实务中的深入发展，为企业的财务管理提供更加高效、精准和智能的支持。

智能化技术在会计实务中的应用还涉及一些伦理和法律问题。随着智能化技术的广泛应用，会计数据的收集、处理和应用范围不断扩大，这在一定程度上引发了关于数据隐私和安全的担忧。因此，如何确保会计数据的安全性和隐私性，防止数据泄露和滥用，成了一个亟待解决的问题。同时，智能化技术的应用也可能导致一些新的会计舞弊和违规行为的出现，如何加强监管和规范，确保智能化技术的合法合规应用，也是我们需要关注的重要方面。

因此，在推进智能化技术在会计实务中的应用过程中，我们不仅需要关注其技术层面的发展和应用，还需要加强对伦理和法律问题的研究和探讨。只有在确保数据安全、隐私保护和合法合规的前提下，我们才能充分发挥智能化技术在会计实务中的优势，推动财务管理的现代化和智能化进程。

同时，我们需要认识到，智能化技术的应用是一个不断发展和完善的过程。随着技术的不断进步和应用场景的不断拓展，智能化技术在会计实务中的应用也将不断面临新的挑战和机遇。因此，我们需要保持开放的心态和创新的精神，不断学习和探索新的技术和方法，以适应和引领智能化技术在会计实务中的发展趋势。

智能化技术在会计实务中的应用现状既展现了其巨大的潜力和优势，也暴露出了一些问题和挑战。我们需要从多个方面加强研究和应用，推动智能化技术在会计实务中的深入发展，为企业的财务管理提供更加高效、精准和智能的支持。同时，我们也需要保持对新技术和新方法的敏感性和创新性，以应对未来可能出现的各种挑战和机遇。

三、智能化技术对会计职业的影响

随着智能化技术的迅猛发展，其在会计领域的应用日益广泛，深刻影响着会计职业的发展。智能化技术不仅改变了传统会计工作的方式和流程，也对会计人员的职能和角色产生了深远影响。因此，探讨智能化技术对会计职业的影响，对于理解会计行业的变革趋势以及规划会计人员的职业发展具有重要意义。

智能化技术显著提高了会计工作的效率和质量。传统的会计工作往往依赖于大量的人工操作和烦琐的数据处理，而智能化技术的应用使得许多烦琐的任务得以自动化完成，大大提高了工作效率。同时，智能化技术可以对财务数据进行深度分析和挖掘，提供更加精准和全面的信息，为企业的决策提供有力支持。这种效率和质量上的提升，使得会计人员能够将更多的时间和精力投入更高级别的分析和策略性工作中，从而提升会计职业的整体价值。

然而，智能化技术的应用也对会计人员的职能和角色提出了新的挑战。传统的会计人员主要扮演的是记录和核算的角色，而智能化技术的应用使得这些基础工作逐渐被自动化替代。因此，会计人员需要转变自己的角色，从单纯的记录者转变为战略性的分析者和决策者。这要求会计人员具备更强的数据分析、战略规划和决策能力，以适应智能化时代的需求。

同时，智能化技术也对会计职业的未来发展产生了深远影响。随着技术的不断进步和应用场景的拓展，智能化技术将在会计领域发挥更加重要的作用。未来，会计人员将更多地依赖于智能化系统进行数据处理和分析，而自身则更多地专注于高级别的策略性工作和创新性的解决方案。这种趋势将使得会计职业更加依赖于技术和创新，对会计人员的专业素养和综合能力提出更高的要求。

然而，尽管智能化技术为会计职业带来了诸多机遇，但也存在一些潜在的挑战和风险。例如，智能化系统的稳定性和安全性问题、数据隐私保护问题以及技术更新换代的快速性等都可能对会计职业的发展产生影响。因此在推进智能化技术在会计领域的应用过程中，需要充分考虑这些挑战和风险，并采取相应的措施加以应对。

智能化技术还可能对会计行业的竞争格局和就业市场产生影响。随着智能化技术的应用普及，一些传统的会计岗位可能会被自动化替代，导致就业市场的变化。同时，智能化技术的应用也可能催生新的会计服务模式和业态，为行业带来新的发展机遇。因此会计人员需要密切关注行业动态和技术发展趋势，不断提升自己的专业素养和综合能力，以适应行业变革和市场需求的变化。

智能化技术对会计职业的影响是多方面的、深远的。它既为会计职业带来了效率提升和价值提升的机遇，也对会计人员的职能、角色和未来发展提出了新挑战。因此，会计人员需要积极拥抱智能化技术，不断提升自己的专业素养和综合能力，以适应行业的变革和市场需求的变化。同时，行业和社会也需要关注智能化技术对会计职业的影响，为会计人员提供必要的支持和保障，促进会计行业的健康发展。

四、智能化技术在会计领域的未来趋势

随着科技的日新月异，智能化技术在会计领域的应用呈现出日益广阔的前景和深远的影响。从当前的技术进步和市场需求来看，未来智能化技术将在会计领域发挥更加显著的作用。

智能化技术将进一步推动会计工作的自动化和智能化。随着人工智能、

机器学习等技术的不断发展，会计软件将具备更强大的数据处理和分析能力，实现对会计流程的全程自动化管理。这不仅极大提高了会计工作的效率，减少了人为错误，还使会计人员能够从烦琐的数据录入和处理工作中解脱出来，专注于更高层次的决策和分析工作。

智能化技术将促进会计信息的实时化和透明化。在大数据和云计算技术的支持下，智能化会计系统能够实时收集、处理和分析财务数据，为企业提供及时、准确的财务信息。这将有助于企业更好地把握市场动态和经营风险，做出更加明智的决策。同时，实时化的会计信息也有助于加强企业内部和外部的沟通与合作，提高企业的透明度和公信力。

智能化技术还将助力会计行业实现创新与发展。随着智能化技术的深入应用，传统的会计服务模式将逐渐变革。智能化技术将催生新的会计服务模式和业态，如云计算会计、在线会计咨询等，为会计行业带来新的发展机遇。同时，智能化技术也将推动会计行业的跨界融合，与其他领域的技术和服务相结合，形成更加多元化和综合性的会计服务体系。

然而，智能化技术在会计领域的未来趋势也面临一些挑战和问题。技术的快速发展要求会计人员不断更新知识和技能，以适应新的技术应用和市场需求。智能化技术的应用需要充分考虑数据安全和隐私保护问题，确保会计信息的合法性和合规性。此外，还需关注伦理和法律问题，避免滥用技术或侵犯他人权益。

为了解决这些挑战和问题，需要从多个方面入手。加强会计人员的技术培训和教育，提高他们的智能化技术应用能力。同时，加强数据安全和隐私保护技术的研究和应用，确保会计信息的安全性和可靠性。此外，还需要加强法律法规的制定和执行，规范智能化技术在会计领域的应用行为，防止技术滥用和违法违规行为的发生。

智能化技术在会计领域的未来趋势充满机遇和挑战。随着技术的不断进步和应用场景的不断拓展，智能化技术将为会计行业带来更高效、便捷和智能的服务体验。然而，也需清醒地认识到其中的问题和挑战，并积极寻求解决方案和对策。只有这样，才能充分利用智能化技术的优势，推动会计行业的健康发展和创新发展。

值得注意的是，未来智能化技术在会计领域的应用将更加注重个性化。随着企业对财务管理需求的日益多样化和复杂化，传统的标准化会计服务已经难以满足企业的个性化需求。因此，智能化技术将更多地被用于提供个性化的会计解决方案，根据企业的实际情况和需求进行精准匹配和优化。这将有助于提升会计服务的针对性和实效性，更好地满足企业的财务管理需求。

智能化技术还将推动会计行业的国际化和全球化发展。随着全球经济的不断融合和发展，会计行业也面临越来越多的跨国合作和交流。智能化技术的应用将使得会计信息的传递和处理更加便捷和高效，这有助于加强国际的会计合作和交流。同时，智能化技术也将推动会计行业的标准化和规范化发展，提高国际会计信息的可比性和一致性。

然而，要实现这些未来趋势，还需要克服一些技术和制度上的障碍。对此我们需要加强智能化技术的研发和创新，推动技术的不断进步和完善。同时，需要建立健全相关的法律法规和监管机制，确保智能化技术在会计领域的应用合法合规。此外，还需要加强国际合作和交流，共同推动会计行业的国际化和全球化发展。

总之，智能化技术在会计领域的未来趋势充满希望和潜力。随着技术的不断进步和应用场景的不断拓展，我们相信智能化技术将为会计行业带来更多的机遇和挑战。我们期待看到智能化技术在会计领域的广泛应用和深入发展，为企业的财务管理提供更加高效、便捷和智能的服务体验。

第二节　会计智能化对财务管理的影响

在传统财务管理中，数据的收集、整理和分析往往依赖于人工操作，这不仅效率低下，而且容易出错。会计智能化的出现，极大地改变了这一状况。通过智能化技术，财务数据可以实现自动收集、处理和分析，大大提高了工作效率，降低了人为错误的风险。

会计智能化还能够为财务管理提供更加深入和全面的数据支持。智能化技术可以运用大数据、云计算等技术手段，对财务数据进行深度挖掘和分析，发现隐藏在数据背后的价值，为企业的财务决策提供更加科学和准确的依据。会计智能化对财务管理的影响并不仅仅局限于提高工作效率和提供数据支持。更重要的是它促进了财务管理的数字化转型，推动了财务管理的创新和变革。在智能化技术的驱动下，财务管理将逐渐实现自动化、智能化和精准化，为企业的发展提供更加有力的支撑。

同时，我们需要清醒地认识到，会计智能化对财务管理的影响是双面的。虽然它带来了许多积极的变革，但也存在一些挑战和风险。例如，如何确保智能化系统的安全性和稳定性、如何避免数据泄露和滥用等问题，这些都是需要认真思考和解决的。因此，在推进会计智能化的过程中，我们需要全面评估其对财务管理的影响，制定合理的实施方案和风险控制措施。只有这样，我们才能充分利用智能化技术的优势，推动财务管理的数字化转型和创新发展。

会计智能化对财务管理的影响深远而广泛。它不仅提高了工作效率和数据质量，还推动了财务管理的数字化转型和创新发展。然而在这一过程中，我们也需要关注并应对可能出现的挑战和风险。通过深入研究和探索，我们可以更好地利用会计智能化技术，为企业的财务管理提供更加高效、精准和智能的支持。

一、智能化技术对财务管理流程的影响

在流程优化方面，智能化技术通过自动化和智能化手段简化了传统财务管理中烦琐的手工操作，使得财务管理流程更加高效和便捷。例如，通过应用智能记账软件，企业可以实现对财务数据的自动录入、分类和整理，大大减少了人工操作的错误和耗时。同时，智能化技术可以通过对财务数据的深度分析和挖掘，为企业提供更加精准和全面的财务信息，帮助管理者做出更加明智的决策。

在效率提升方面，智能化技术的应用使得财务管理的工作效率得到了显著提升。通过自动化处理大量数据和快速生成财务报告，智能化技术大大缩

短了财务处理的时间周期，使企业能够更快速地响应市场变化和业务需求。智能化技术还可以实现财务信息的实时更新和共享，加强了企业内部各部门之间的沟通和协作，提高了整体运营效率。

在风险控制方面，智能化技术为财务管理提供了更加精确和全面的风险评估和预警机制。通过对历史数据和市场趋势的分析，智能化技术可以帮助企业识别潜在的风险因素，并提前制定相应的风险应对措施。同时，智能化技术还可以对财务数据进行实时监控和异常检测，一旦发现异常情况，能够迅速发出预警，帮助企业及时应对并降低风险损失。

尽管智能化技术对财务管理流程产生了积极的影响，但其应用也面临着一些挑战和问题。智能化技术的应用需要大量的数据和算法支持，而数据的质量和算法的准确性直接影响财务管理的效果。因此企业需要加强对数据的管理和算法的优化，确保智能化技术的有效应用。智能化技术的应用也可能带来一些新的风险和挑战，如数据泄露、技术故障等。企业需要建立完善的安全保障机制和应急预案，以应对可能出现的风险和问题。

智能化技术对财务管理流程的影响还体现在对人员技能要求的转变上。随着智能化技术的应用，传统的财务管理人员需要不断更新自己的知识和技能，以适应新的技术应用和工作环境。他们需要掌握数据分析、人工智能等先进技术，以便更好地利用智能化工具进行财务管理工作。同时，企业也需要加强对财务管理人员的培训和教育，提高他们的专业素养和综合能力，以应对智能化时代的需求。

智能化技术对财务管理流程产生了深远的影响。它简化了传统流程、提高了工作效率、加强了风险控制，并为财务管理带来了更多的机遇和挑战。若要充分发挥智能化技术的优势，企业需要加强数据管理、算法优化、安全保障以及人员培训等方面的工作，以确保智能化技术在财务管理中的有效应用。未来，随着技术的不断进步和应用场景的不断拓展，我们期待看到更多创新性的智能化技术在财务管理领域得到应用和推广，为企业带来更大的价值和效益。

当然，在智能化技术推动财务管理流程变革的同时，也必须关注到其可能带来的更深层次的影响。智能化技术不仅改变了财务管理的具体操作和流程，更在财务管理理念、模式和方法上带来了革命性的变化。这些变化不仅要求企业适应新的技术应用，更要求企业从更深层次上理解和把握财务管理的本质和规律。

因此，企业在推进财务管理智能化的过程中，不仅需要关注技术层面的应用和优化，更需要从管理理念、组织架构、人员培养等多个方面进行综合考虑和协调。只有这样才能确保智能化技术在财务管理中的全面、深入应用，真正发挥其应有的价值和作用。

同时，也需要认识到，智能化技术虽然带来了很多便利和优势，但并不能完全替代人的作用和判断。在财务管理过程中，人的经验和智慧仍然具有重要的价值。因此在利用智能化技术进行财务管理的同时，也需要充分发挥人的主观能动性和创造力，实现人机协同，共同推动财务管理的创新和发展。

此外，还需要关注到智能化技术可能带来的伦理和法律问题。在利用智能化技术进行财务管理的过程中，需要遵守相关的法律法规和伦理规范，确保数据的合法性和合规性，保护用户的隐私和权益。同时，也需要加强对智能化技术的监管和评估，确保其应用的合理性和安全性。

总之，智能化技术对财务管理流程的影响是深远而复杂的。我们需要从多个角度进行深入分析和探讨，以更好地理解和把握其本质和规律。同时，需要积极应对其带来的挑战和问题，以推动财务管理的创新和发展。

二、智能化技术在财务决策中的应用

随着科技的飞速发展，智能化技术在财务管理领域的应用越发广泛，其在财务决策方面的作用日益凸显。智能化技术不仅提升了财务决策的效率，还使得决策过程更加科学、精准。下文将从多个角度深入探讨智能化技术在财务决策中的应用，以期为财务管理实践提供有益的参考。

在财务决策中，智能化技术的应用首先体现在数据分析方面。传统的财务决策往往依赖于有限的数据和经验判断，而智能化技术则能够通过大数据分析和机器学习等手段，对海量数据进行深度挖掘和处理，为财务决策提供更加全面、准确的信息支持。通过对历史数据的分析，智能化技术可以帮助企业识别市场趋势、预测未来走向，为财务决策提供有力的数据支撑。

　　智能化技术还能通过模拟和预测模型，为财务决策提供多种可能性的分析和比较。这些模型能够基于现有数据和市场环境，构建出多种决策方案，并通过模拟运行来预测不同方案下的财务结果。这使得财务决策者能够在多个方案中进行比较和选择，找到最优的决策方案。

　　然而，智能化技术在财务决策中的应用也面临着一些挑战。一方面，数据的质量和完整性直接影响智能化技术的分析结果。如果数据存在误差或缺失，那么分析结果可能会出现偏差，导致决策失误。因此在应用智能化技术进行财务决策时，企业需要确保数据的准确性和完整性，并对数据进行必要的清洗和预处理。另一方面，智能化技术虽然能够提供强大的数据分析和预测能力，但它并不能完全替代人的判断和决策。财务决策不仅需要考虑数据和模型的输出结果，还需要结合企业的实际情况、市场环境、战略目标等多方面因素进行综合考虑。因此在应用智能化技术进行财务决策时，企业需要理性思考和保持审慎态度，避免过度依赖技术而忽视人的作用。

　　为了充分发挥智能化技术在财务决策中的优势并应对这些挑战，企业需要采取一系列措施。首先，企业需要加强数据管理和质量控制，确保数据的准确性和完整性。这包括建立完善的数据采集、存储和处理机制，对数据进行定期检查和更新，以及采用先进的数据清洗和预处理技术。

　　其次，企业需要加强对智能化技术的理解和应用。这包括了解各种智能化技术的原理和应用场景，选择适合企业需求的技术工具和方法，以及培养具备相关技术能力和经验的财务决策人员。通过不断学习和实践，企业可以逐步掌握智能化技术在财务决策中的应用技巧和方法。

　　再次，企业需要建立科学的决策机制和流程。这包括明确决策的目标和原则，制订详细的决策方案和实施计划，以及建立有效的监督和评估机制。通过规范化和系统化的决策流程，企业可以确保智能化技术在财务决策中的合理应用，并降低决策风险。

　　最后，企业需要保持对新技术和新方法的关注和探索。随着科技的不断发展，智能化技术也在不断更新和完善。企业需要关注最新的技术动态和趋势，积极探索和尝试新的技术应用和模式创新，以保持竞争优势和领先地位。

智能化技术在财务决策中的应用具有广阔的前景和潜力。通过充分发挥其数据分析和预测能力，结合企业的实际情况和战略目标进行综合考虑，企业可以做出更加科学、精准的财务决策。同时，企业需要关注智能化技术应用的挑战和问题，并采取相应措施加以应对和解决。未来，随着智能化技术的不断发展和完善，其在财务决策中的应用将更加深入和广泛，为企业的发展提供更加有力的支持。

三、智能化技术对财务信息质量的提升

在财务管理领域，财务信息的质量直接影响企业的决策效率和效果。随着智能化技术的不断发展，其在提升财务信息质量方面的作用日益凸显。通过应用智能化技术，企业可以实现对财务信息的精准采集、高效处理和智能分析，从而提高财务信息的准确性和可靠性，为企业决策提供更加有力的支持。

智能化技术的应用使财务信息的采集过程更加自动化和智能化。传统的财务信息采集往往依赖于人工录入和整理，这种方式不仅效率低下，而且容易出现错误和遗漏。而智能化技术则可以通过自动化工具和算法，实现对财务数据的自动抓取、识别和分类，大大提高了采集的效率和准确性。同时，智能化技术可以对采集到的数据进行实时校验和修正，确保数据的完整性和一致性。

在财务信息的处理方面，智能化技术也发挥着重要作用。传统的财务信息处理往往需要经过多个环节和人工干预，这不仅增加了处理的时间成本，还可能引入人为因素导致的误差。而智能化技术则可以通过自动化算法和模型，实现对财务数据的快速处理和转换，提高了处理的速度和准确性。智能化技术还可以根据预设的规则和逻辑，对财务数据进行自动分析和判断，减少了人为干预的可能性，进一步提高信息处理的可靠性。

智能化技术在提升财务信息质量方面的另一个重要应用是智能分析。通

过对财务数据的深度挖掘和分析，智能化技术可以帮助企业发现隐藏在数据背后的规律和趋势，为决策提供有力的数据支持。同时，智能化技术可以根据企业的特定需求，定制分析模型和工具，实现对财务信息的个性化分析和解读。这不仅提高了分析的深度和广度，也使得分析结果更加贴近企业的实际情况和需求。

尽管智能化技术在提升财务信息质量方面具有显著优势，但其应用也面临着一些挑战和问题。智能化技术的应用需要大量的数据和算法支持，而数据的质量和算法的准确性直接影响到财务信息的质量。因此企业需要加强对数据的管理和算法的优化，确保智能化技术的有效应用。智能化技术的应用也可能带来一些新的风险和挑战，如数据泄露、技术故障等。企业需要建立完善的安全保障机制和应急预案，以应对可能出现的风险和问题。

为了充分发挥智能化技术在提升财务信息质量方面的优势并应对其挑战，企业需要采取一系列措施。例如，企业需要加强数据管理和质量控制，确保采集到的财务数据的准确性和完整性。这包括建立规范的数据采集和处理流程、采用先进的数据清洗和校验技术以及加强数据的安全保护等。企业需要选择合适的智能化工具和平台，根据自身的业务需求和实际情况进行个性化开发和应用。同时，企业需要加强对智能化技术的培训和推广，提高员工的技术应用能力和素质水平。

企业还需要注重智能化技术与财务管理的深度融合。通过将智能化技术嵌入财务管理的各个环节和流程，实现财务信息的实时采集、处理和分析，提高财务管理的效率和效果。企业还需要建立科学的信息反馈机制，将智能化技术的分析结果及时反馈给决策层和执行层，以便及时调整和优化财务管理策略。

智能化技术在提升财务信息质量方面具有重要作用。通过自动化采集、高效处理和智能分析等手段，智能化技术可以提高财务信息的准确性和可靠性，为企业决策提供更加有力的支持。然而其应用也面临一些挑战和问题，需要企业加强数据管理和算法优化、选择合适的智能化工具和平台以及注重智能化技术与财务管理的深度融合等方面的工作。未来，随着智能化技术的不断发展和完善，其在提升财务信息质量方面的应用将更加广泛和深入，也将为企业的财务管理带来更多的机遇和挑战。

四、智能化技术对财务管理效率的优化

财务管理作为企业运营的核心环节，其效率的高低直接关系到企业的竞争力和市场地位。随着智能化技术的快速发展，其在财务管理领域的应用逐渐深入，为财务管理效率的优化提供了有力支持。

智能化技术通过自动化和智能化的手段，显著提高了财务管理的数据处理效率。传统的手工数据处理方式不仅耗时耗力，而且容易出错。而智能化技术可以运用先进的算法和模型，对海量数据进行快速、准确的处理和分析，这大大提高了数据处理的效率和准确性。智能化技术还可以实现数据的实时更新和动态监测，确保财务数据的及时性和准确性，为决策提供有力支持。

在财务流程管理方面，智能化技术也发挥了重要作用。传统的财务管理流程往往烦琐复杂，涉及多个环节和多个部门之间的协调。而智能化技术可以通过自动化工具和平台，实现财务流程的简化和优化。例如，通过智能化的审批系统和报销系统，可以实现财务流程的自动化处理和快速审核，减少人工干预和纸质文件的传递，提高了工作效率。

智能化技术还可以帮助财务管理实现智能化决策和预测。通过运用大数据分析和机器学习等技术，智能化技术可以对财务数据进行深度挖掘和分析，发现数据背后的规律和趋势，为决策提供有力的数据支持。同时，智能化技术可以构建预测模型，对未来的财务状况进行预测和模拟，帮助企业提前制定应对策略，降低风险。

然而，智能化技术在优化财务管理效率的同时，也带来了一些挑战和问题。智能化技术的应用需要大量的数据支持，而数据的获取、存储和处理都需要相应的技术和设备投入。这要求企业在引进智能化技术时，需要充分考虑自身的技术实力和资金状况，避免盲目跟风或过度投入。智能化技术的应用也可能带来一定的安全风险。财务数据是企业的核心机密之一，如何确保智能化技术的安全性、防止数据泄露和非法访问等问题，是企业需要重点关

注和解决的问题。

为了充分发挥智能化技术在优化财务管理效率方面的优势并应对其挑战，企业需要采取一系列措施。例如，企业需要加强技术投入和人才培养，引进先进的智能化技术和设备，培养具备相关技术能力和经验的财务管理人员。企业需要建立完善的数据管理制度和流程，确保财务数据的准确性、完整性和安全性。同时，企业需要加强对智能化技术的风险评估和安全管理，制定相应的安全策略和应急预案，确保智能化技术的稳定运行和数据安全。

除了技术层面的优化，智能化技术还需要与财务管理理念和方法相结合，实现更加全面和深入的优化。例如，企业可以运用智能化技术进行财务预测和规划，制定更加科学合理的财务计划和预算；企业还可以利用智能化技术进行财务分析和绩效评估，发现财务管理中存在的问题和不足，提出改进措施和优化建议。

智能化技术对财务管理效率的优化具有显著作用。通过自动化和智能化的手段，智能化技术可以显著提高财务管理的数据处理效率、优化财务流程、实现智能化决策和预测等。然而在应用智能化技术时，企业也需要注意其带来的挑战和问题，并采取相应的措施加以应对和解决。未来，随着智能化技术的不断发展和完善，其在财务管理领域的应用将更加广泛和深入，为企业的发展提供更加有力的支持。

第三节　智能化趋势下的会计人员角色转变

在智能化技术的冲击下，会计人员面临着前所未有的角色转变。本节将详细阐述这一转变的必然性和紧迫性，以及会计人员应如何适应这一变革，提升自我价值。

随着智能化技术的广泛应用，传统会计工作中的许多重复性、烦琐性任务正逐步被自动化和智能化系统所取代。这使得会计人员得以从繁重的日常工作中解脱出来，将更多的时间和精力投入高级分析和策略性决策中。因此，会计人员角色的转变是智能化趋势下的必然结果。

然而这种转变也带来了新的挑战。会计人员需要不断提升自身的专业素养和技能水平，以适应新的工作要求和业务需求。他们不仅需要掌握基本的会计知识和技能，还需要具备数据分析、信息技术、业务洞察等多方面的能力。只有这样，才能在智能化时代中立足并发挥更大的作用。

为了适应这一角色转变，会计人员可以采取以下策略：加强学习和培训，不断提升自身的专业素养和技能水平；积极参与企业的业务活动和战略决策，了解企业的运营模式和业务需求；加强团队协作和沟通能力，与其他部门和团队共同推动企业的发展。

企业和组织也需要为会计人员的角色转变提供必要的支持和保障。例如，建立完善的培训机制，为会计人员提供持续学习和发展的机会；优化工作流程和岗位职责，充分发挥会计人员的专业优势和创造力；加强内部沟通和协作，形成良好的工作氛围和团队精神。

一、智能化环境下会计人员的新角色定位

在智能化环境下，会计人员需要更加注重对数据的理解和分析。他们需要利用智能化工具对数据进行深入挖掘，发现数据背后的规律和价值，为企业决策提供更加精准的信息支持。同时，会计人员需要加强对业务的理解和掌握，将财务数据与业务数据相结合，为企业提供更加全面的财务分析和建议。

除了数据分析和业务理解，会计人员还需要具备风险管理和内部控制的能力。智能化技术的应用虽然提高了工作效率，但也带来了新的风险和挑战。会计人员需要密切关注智能化系统的运行情况，及时发现并处理潜在的风险和问题。他们还需要建立和完善内部控制机制，确保财务数据的准确性和完整性。

随着智能化技术的不断发展，会计人员还需要具备持续学习和创新的能力。他们需要不断跟进智能化技术的最新动态，学习新的技能和方法，以适应不断变化的会计工作需求。同时，他们需要积极探索和创新，将智能化技术与会计工作相结合，推动会计工作的不断创新和发展。

然而,在智能化环境下,会计人员角色的转变并非一蹴而就。企业需要加强对会计人员的培训和引导,帮助他们适应新的工作环境和角色要求。同时,企业还需要建立完善的激励机制和考核体系,激发会计人员的积极性和创造力,推动他们在新的角色定位下发挥出更大的价值。

总的来说,智能化环境下会计人员的新角色定位是一个复杂而重要的过程。会计人员需要不断提升自己的专业素养和综合能力,以适应智能化技术的快速发展和会计工作的不断变化。同时,企业需要为会计人员提供必要的支持和保障,帮助他们顺利完成角色的转变和升级。

在这个过程中,智能化技术将持续发挥重要作用。随着技术的不断进步和应用场景的拓展,智能化技术将为会计人员提供更加高效、便捷的工作工具和手段。智能化技术也将推动会计工作的不断创新和发展,为企业创造更大的价值。

随着会计人员角色的转变和升级,会计工作本身也将发生深刻的变化。传统的会计工作将逐渐淡出历史舞台,而新的会计工作将更加注重数据的分析、挖掘和应用,以及对业务的理解和掌握。这将对会计人员的专业素养和综合能力提出更高的要求,也将推动会计行业的不断发展和进步。

智能化环境下会计人员的新角色定位是必然趋势和时代要求。只有不断适应和拥抱变化,不断提升自身的专业素养和综合能力,才能在这个新时代中立足并发挥更大的价值。同时,企业和社会需要为会计人员的成长和发展提供必要的支持和保障,共同推动会计行业的繁荣和发展。

二、智能化技术对会计人员技能要求的变化

随着智能化技术的广泛应用,会计工作领域正经历深刻的变革。在这一变革中,会计人员的技能要求也随之发生了显著的变化。智能化技术的应用不仅改变了传统会计工作的流程和方式,还对会计人员的专业素养和综合能力提出了更高的要求。

在智能化环境下,会计人员不再仅仅依赖于手工操作和纸质记录,而是需要掌握一系列与智能化技术相关的技能。会计人员需要具备一定的计算机

操作能力，能够熟练使用会计软件和智能化工具进行数据处理和分析。这包括对会计软件的基本操作、数据录入、报表生成等方面的熟练掌握，以及能够利用智能化工具进行数据挖掘和分析，提取有价值的财务信息。

智能化技术要求会计人员具备数据分析能力。在海量数据面前，会计人员需要运用统计学、数据挖掘等方法，对数据进行深入分析和解读。他们需要从数据中发现规律、识别风险，并为企业决策提供有力的数据支持。这要求会计人员不仅具备扎实的会计知识，还需要具备一定的统计学和数据分析技能。

智能化技术还要求会计人员具备业务理解和沟通能力。在智能化环境下，会计工作与业务活动的联系更加紧密。会计人员需要了解企业的业务流程和运营模式，能够将财务数据与业务数据相结合，为企业提供更全面的财务分析和建议。同时，他们需要与业务部门进行有效的沟通和协作，确保财务信息的准确性和及时性。

除了以上技能，智能化技术还要求会计人员具备持续学习和创新的能力。随着技术的不断发展和更新，会计人员需要不断跟进智能化技术的最新动态，学习新的技能和方法。同时，他们还需要积极探索和创新，将智能化技术与会计工作相结合，推动会计工作的创新和发展。

值得注意的是，智能化技术虽然带来了许多便利和效率提升，但也存在一定的风险和挑战。会计人员需要具备一定的风险意识和安全意识，能够识别和防范智能化系统可能带来的风险和问题。他们需要了解智能化系统的运行原理和安全性能，掌握相关的安全防护措施和应对策略，确保财务数据的安全性和完整性。

面对智能化技术对会计人员技能要求的变化，企业和教育机构也需要采取相应措施。企业需要加强对会计人员的培训和引导，帮助他们掌握与智能化技术相关的技能和方法。同时，企业需要建立完善的激励机制和考核体系，激发会计人员的学习热情和创新能力。会计培训教育机构则需要调整会计专业的课程设置和教学方法，注重培养学生的实践能力和创新精神，以适应智能化时代对会计人员的新要求。

总的来说，智能化技术对会计人员技能要求的变化是一个不可逆转的趋势。会计人员需要不断提升自己的专业素养和综合能力，以适应这一变化并为企业创造更大的价值。同时，企业和社会也需要为会计人员的成长和发展提供必要的支持和保障，共同推动会计行业的进步和发展。

智能化技术对会计人员技能要求的变化反映了会计行业未来的发展趋势。随着技术的不断进步和应用场景的拓展，会计工作将更加注重数据的分析、挖掘和应用，以及对业务的理解和掌握。这要求会计人员具备更全面和深入的技能，以适应未来的工作需求。

同时，智能化技术也将推动会计行业的创新和升级。通过利用智能化技术，会计人员可以更加高效地处理和分析数据，提高工作质量和效率。智能化技术还可以帮助会计人员发现新的业务机会和价值点，为企业创造更多的商业价值和竞争优势。

因此，会计人员需要积极拥抱智能化技术带来的变革，不断提升自身的专业素养和综合能力。同时，企业和社会也需要加大对智能化技术的投入和支持力度，推动其在会计行业的广泛应用和深入发展。

智能化技术对会计人员技能要求的变化是一个复杂而深刻的过程。它不仅改变了传统会计工作的流程和方式，也对会计人员的专业素养和综合能力提出了更高要求。然而，这一变化也带来了更多机遇和挑战，为会计人员和企业的发展提供了更广阔的空间和可能性。

三、智能化技术对会计职业道德的影响

在智能化技术的浪潮下，会计行业正经历着前所未有的变革。这种变革不仅体现在工作方式和技能要求的转变上，更深刻地影响着会计职业道德的内涵和实践。智能化技术的广泛应用，既为会计人员提供了更加高效、便捷的工作手段，也带来了新的道德挑战和考验。

智能化技术提高了会计工作的透明度和可追溯性。通过智能会计软件和系统，会计数据的处理、分析和报告过程变得更加清晰和可验证。这有助于减少人为错误和舞弊行为，提升会计信息的真实性和可靠性。同时，智能化

技术也使得会计工作的监督和管理更为便捷和高效，这有助于维护会计行业的公信力和声誉。

然而，智能化技术的应用也带来了新的道德风险和挑战。一方面，高度自动化的数据处理和分析过程可能导致会计人员过度依赖和信任数据，从而忽视了对数据真实性和合理性的审慎判断。另一方面，智能化技术也可能被用于不正当的目的，如篡改数据、制造虚假报表等，从而损害会计信息的真实性和完整性。

智能化技术还对传统会计职业道德的某些方面提出了挑战。例如，随着远程办公和在线协作的普及，会计人员需要更加注重保护客户信息和商业机密，防止信息泄露和滥用。同时，智能化技术使得会计工作更加依赖于网络和信息系统，这就要求会计人员具备更强的网络安全意识和技能，以防范网络攻击和数据窃取等风险。

面对智能化技术对会计职业道德的影响，会计人员需要保持清醒的头脑和敏锐的洞察力。他们应该坚持真实、公正、客观的原则，审慎处理和分析会计数据，确保会计信息的真实性和可靠性。同时，他们需要积极学习和掌握智能化技术，不断提升自己的专业素养和综合能力，以适应智能化时代对会计工作的新要求。

企业和组织在推进智能化技术应用的同时，也应加强对会计人员的职业道德教育和培训。通过制定和完善相关规章制度和操作流程，明确会计人员的职责和权限，规范他们的行为。同时，建立有效的监督机制和奖惩机制，对违反职业道德的行为及时进行纠正和惩处，以维护会计行业的良好形象和声誉。

监管机构和社会公众也应加强对智能化技术应用的关注和监督。通过制定和完善相关法律法规和标准规范，明确智能化技术在会计领域的应用范围和要求，保障会计信息的真实性和可靠性。同时，加大对会计行业的监管和检查力度，及时发现并纠正智能化技术应用中存在的问题和不足，推动会计行业的健康发展。

智能化技术对会计职业道德产生了深远的影响。在享受智能化技术带来的便利和效率提升的同时，也需要清醒地认识到其潜在的风险和挑战。只有通过加强职业道德教育和培训、完善相关规章制度和操作流程、加强监管和检查力度等措施，才能确保会计行业在智能化时代保持其真实、公正、客观的本质属性，为社会经济的健康发展提供有力保障。

值得注意的是，随着智能化技术的不断发展和完善，其对会计职业道德的影响也将持续深化和拓展。因此，我们需要保持敏锐的洞察力和前瞻性思维，密切关注智能化技术的最新动态和应用趋势，及时调整和完善会计职业道德的内涵和要求。同时，也需要加强跨领域的合作与交流，借鉴其他行业的成功经验和做法，共同推动会计职业道德的进步和发展。

在未来的发展中，智能化技术将成为推动会计行业创新和发展的重要力量。而在这个过程中，会计职业道德将发挥不可或缺的作用。只有坚守职业道德底线，充分发挥智能化技术的优势和作用，才能实现会计行业的持续健康发展和社会经济的繁荣稳定。

四、会计人员适应智能化趋势的策略

智能化技术的深入应用，为会计行业带来了前所未有的变革。作为行业的重要参与者，会计人员的角色和职责也在发生深刻转变。为了适应这一趋势，会计人员需要积极调整自身的工作方式和思维模式，掌握新的技能和知识，以应对智能化带来的挑战和机遇。

（一）深化对智能化技术的理解与应用

会计人员应加强对智能化技术的学习和研究，理解其基本原理和应用场景。通过参加专业培训、阅读相关文献和参与实际项目，会计人员可以逐步掌握数据分析、机器学习等关键技术，并将其应用于会计工作中。这不仅有助于提高工作效率和准确性，还能为企业的决策提供有力支持。

（二）提升数据分析和处理能力

在智能化趋势下，数据成为会计工作的核心。会计人员需要具备强大的数据分析和处理能力，能够从海量数据中提取有用信息，发现潜在风险和价值。为此，会计人员可以学习使用数据分析工具和方法，如数据挖掘、预测分析等，以提升自身的数据处理能力。

（三）强化跨领域合作与沟通

智能化技术的应用使得会计工作不再局限于传统的核算和报告，而是更多地涉及企业战略、风险管理等领域。因此，会计人员需要加强与其他部门的合作与沟通，了解企业的整体运营情况和业务需求。通过跨领域合作，会计人员可以更好地发挥自身的作用，为企业创造更大的价值。

（四）保持持续学习与更新知识的态度

智能化技术的快速发展使得会计行业的知识体系不断更新。会计人员应保持持续学习的态度，关注行业动态和技术发展，不断更新自己的知识和技能。通过参加专业培训、参加学术会议等方式，会计人员可以与时俱进，适应智能化趋势下的会计工作。

（五）注重伦理与道德规范的遵守

在智能化技术的推动下，会计工作的自动化和智能化程度不断提高，但这并不意味着会计人员可以忽视伦理与道德规范的遵守。相反，会计人员应更加注重自身的职业操守和道德标准，确保会计工作的准确性和公正性。在使用智能化工具和方法时，会计人员应遵守相关法律法规和会计准则，确保数据的真实性和合法性。同时，会计人员应关注企业的社会责任和可持续发展，积极参与企业的道德建设和社会公益事业。

（六）构建适应智能化趋势的职业发展规划

面对智能化趋势，会计人员需要重新审视自己的职业发展规划。除了掌握传统的会计知识和技能，还应积极学习新的技术和方法，以适应行业的变化和发展。同时，会计人员应关注自身的职业兴趣和优势，选择适合自己的职业发展方向。通过构建适应智能化趋势的职业发展规划，会计人员可以更好地应对未来的挑战和机遇。

　　智能化趋势下的会计人员角色转变是一个复杂而深刻的过程。为了适应这一趋势，会计人员需要积极调整自身的工作方式和思维模式，掌握新的技能和知识。通过深化对智能化技术的理解与应用、提升数据分析和处理能力、强化跨领域合作与沟通、保持持续学习与更新知识的态度、注重伦理与道德规范的遵守以及构建适应智能化趋势的职业发展规划等策略的实施，会计人员可以更好地适应智能化趋势下的会计工作需求，为企业的发展贡献自己的力量。随着技术的不断进步和应用场景的不断拓展，会计人员还需要保持敏锐的洞察力和创新精神，不断探索新的应用模式和解决方案。通过不断创新和实践，会计人员可以推动会计行业的智能化进程，为企业创造更多的价值。

　　智能化趋势下的会计人员角色转变是一个不可逆转的趋势。会计人员需要积极应对这一变化，不断提升自身的综合素质和能力水平，以适应行业的需求和发展。同时，企业和社会也应为会计人员提供更多的支持和帮助，促进其职业发展和成长。

第四节　会计智能化的研究方法论

　　在会计智能化的研究领域，一个科学而系统的方法论对于指导研究、确保研究质量至关重要。本节将阐述会计智能化研究方法论的重要性，探讨常见的研究方法及其适用情境，并提出研究过程中需要注意的问题。

　　方法论作为研究的基础和框架，为会计智能化的研究提供了明确的指导和方向。通过选择合适的研究方法，研究人员可以系统地收集、整理和分析数据，揭示会计智能化的内在规律和特征，从而得出科学、可靠的结论。

　　在会计智能化的研究中，常见的研究方法包括文献研究、案例分析、实证研究等。文献研究可以帮助会计人员了解会计智能化的历史背景、发展现状和趋势，为深入研究提供理论基础和参考依据。案例分析则可以通过对具体企业的会计智能化实践进行深入剖析，揭示其成功经验和存在问题，为其他企业提供借鉴和启示。实证研究则更加注重数据的收集和分析，通过问卷调查、访谈、实验等方式，验证会计智能化的实际效果和影响。

会计智能化的研究方法论对于指导研究、确保研究质量具有重要意义。需要根据研究目的和条件选择合适的研究方法，并注重研究过程中的客观性和伦理问题，以确保研究成果的准确性和可靠性。

一、会计智能化研究的理论框架

会计学的传统理论是构建会计智能化研究框架的基石。无论是会计的基本概念、原则，还是财务报告、内部控制等核心领域，都为会计智能化提供了坚实的理论支撑。然而，在智能化背景下，这些传统理论需要得到重新审视和拓展，以适应新技术环境下会计工作的新特点和新要求。

信息技术的发展是推动会计智能化的关键力量。云计算、大数据、人工智能等前沿技术的应用，为会计工作带来了前所未有的变革。在构建会计智能化研究框架时，这些技术的特点和优势，以及如何将其有效地应用于会计领域是需要我们重点考虑的问题。

会计与信息技术的融合所带来的新挑战和机遇也是构建理论框架时不可忽视的方面。例如，如何确保智能化会计系统的安全性、可靠性和高效性？如何利用智能化技术提升会计信息的质量和价值？如何培养具备会计和信息技术双重素养的复合型人才？这些问题都需要在理论框架中得到充分的体现和探讨。

在构建会计智能化研究的理论框架时，还需要注意以下几点。一是要保持理论的开放性和前瞻性，及时吸纳新的研究成果和技术进展；二是要注重理论与实践的结合，通过实证研究来验证和完善理论框架；三是要加强跨学科的合作与交流，借鉴其他领域的研究成果和方法论，推动会计智能化研究的深入发展。

构建会计智能化研究的理论框架是一个复杂而系统的过程，需要研究者具备扎实的会计学和信息技术知识，以及敏锐的洞察力和创新精神。通过不断的研究和探索，我们可以逐步完善这一框架，为会计智能化的实践提供有力的理论支持。

值得注意的是，会计智能化的理论框架并非一成不变，而是随着技术环境和业务需求的变化而不断发展和完善的。因此，研究者需要保持持续学习和更新知识的态度，紧跟时代的步伐，不断调整和优化理论框架，以应对新的挑战和机遇。

同时，理论框架的构建也需要考虑不同国家和地区的会计制度和会计准则的差异。这些差异可能对会计智能化的应用和发展产生重要影响，因此需要在理论框架中加以考虑和分析。

会计智能化研究还需要关注其对企业战略和业务模式的影响。智能化技术的应用将改变企业的信息获取、处理和利用方式，进而影响到企业的决策和运营。因此在构建理论框架时，需要充分考虑这些因素，以便更全面地理解会计智能化的价值和意义。

会计智能化研究的理论框架是一个多维度、多层次的体系，它涵盖了会计学、信息技术、企业管理等多个领域的知识和理论。通过构建这一框架，可以更加系统地研究会计智能化的发展规律、应用场景和未来趋势，为企业的会计实践和学术研究提供有益的参考和指导。

在未来的研究中，还需要进一步拓展和深化会计智能化研究的理论框架。例如，可以探索更多新的研究方法和技术手段，以更准确地揭示会计智能化的内在机制和影响因素；可以加强与其他学科的交叉融合，以更全面地理解会计智能化在经济社会发展中的作用和价值；还可以关注会计智能化的伦理和社会责任问题，以确保其健康、可持续地发展。

总之，构建会计智能化研究的理论框架是一个长期而艰巨的任务，需要研究者们共同努力和不断探索。通过不断完善和拓展这一框架，可以为会计智能化的实践和发展提供坚实的理论支撑和指导。

二、会计智能化研究的实证分析方法

在会计智能化研究的理论框架构建完毕后，实证分析方法的应用显得尤为关键。实证分析方法通过收集和分析实际数据，检验理论框架的适用性和有效性，为会计智能化的深入研究提供实证支持。

会计智能化研究的实证分析方法需要明确研究问题和假设。研究问题应紧密围绕会计智能化的核心议题展开，如智能化技术对会计信息质量的影响、智能化会计系统的效率提升等。在此基础上，提出明确的研究假设，为后续的数据收集和分析提供指导。

数据收集是实证分析方法的重要环节。会计智能化研究的数据来源可能包括企业财务报表、会计信息系统数据、调查问卷等。研究者需要根据研究问题和假设，选择合适的数据收集方法和工具，确保数据的准确性和可靠性。同时，需要考虑数据的代表性和可比性，以便在更广泛的范围内进行实证检验。

在数据收集完成后，数据处理和分析成为关键步骤。研究者需要运用统计学、计量经济学等方法，对数据进行描述性统计、相关性分析、回归分析等，以揭示会计智能化与相关变量之间的关系和规律。还可以借助先进的数据挖掘和机器学习技术，对海量数据进行深度挖掘和分析，发现潜在的规律和趋势。

值得注意的是，实证分析方法的应用需要遵循科学的研究规范和方法论原则。研究者应确保研究的客观性、公正性和可重复性，避免主观偏见和误导性结论。同时，还需要对研究结果进行谨慎的解释和讨论，充分考虑可能存在的局限性和不确定性。

随着技术的不断发展，新的实证分析方法和技术不断涌现。研究者需要保持敏锐的洞察力和创新精神，及时跟进和掌握这些新方法和技术，为会计智能化研究提供更加准确、高效的实证支持。

除了传统的实证分析方法，还可以借鉴其他学科的研究方法和技术，进行跨学科的研究。例如，可以借鉴计算机科学领域的人工智能和机器学习技术，对会计数据进行深度学习和模式识别；可以借鉴社会学领域的问卷调查和访谈方法，了解会计人员对智能化的态度和看法；还可以借鉴经济学领域的计量经济学方法，对会计智能化的经济效应进行量化分析。

通过综合运用多种实证分析方法和技术手段，可以更加全面、深入地了解会计智能化的内在机制和外在表现，为理论框架的构建和完善提供有力的实证支持。同时，实证分析方法的应用也有助于推动会计智能化研究的不断深入和发展，为企业的会计实践提供有益的参考和指导。

然而，实证分析方法也存在一定的局限性和挑战。数据的获取和处理可能受多种因素的影响，如数据的质量、完整性、代表性等，这些因素可能影响到实证结果的准确性和可靠性。实证分析方法的应用需要具备一定的统计学和计量经济学知识，否则可能导致误用或滥用这些方法，从而得出错误的结论。实证研究的结论往往受样本和时间等因素的限制，可能无法完全适用于所有情况。

因此，在应用实证分析方法进行会计智能化研究时，需要保持谨慎和客观的态度，充分考虑到各种可能的影响因素和局限性。同时需要不断学习和掌握新的实证分析方法和技术手段，以提高研究的准确性和可靠性。

实证分析方法在会计智能化研究中具有重要的作用和价值。通过综合运用多种实证分析方法和技术手段，可以更加深入地了解会计智能化的内在机制和外在表现，为理论框架的构建和完善提供有力的实证支持。同时需要不断克服和应对实证分析方法存在的局限性和挑战，以推动会计智能化研究的不断深入和发展。

第二章　智能化技术在财务报告中的应用

　　智能化技术极大提高了财务报告编制的效率。然而智能化技术在财务报告中的应用也面临一些新的挑战和问题。一方面，智能化技术的应用需要企业具备相应的技术能力和人才储备，否则可能无法充分发挥智能化技术的优势；另一方面，智能化技术的应用也可能引发数据安全和隐私保护等问题，需要企业在推进智能化应用的同时，加强数据管理和风险控制。

　　本章将从多个角度深入探讨智能化技术在财务报告中的应用及其影响。首先，通过介绍人工智能在财务报告生成中的应用，揭示智能化技术如何提升财务报告编制的效率和准确性；其次通过探讨大数据分析与财务报告的关联，阐述智能化技术如何深化财务报告的分析和解读；再次，通过分析智能化技术对财务报告标准与规范的影响，探讨智能化技术如何推动财务报告制度的完善和发展；最后，通过讨论智能化技术对财务报告透明度和可靠性的影响，揭示智能化技术如何提升企业财务信息的披露质量和信誉度。

第一节　人工智能在财务报告生成中的应用

　　传统财务报告生成过程中，人工操作烦琐且易出错，难以满足现代企业对财务报告的高标准和严要求。而人工智能技术的应用，能够自动化处理大量数据，减少人为干预，提高财务报告生成的效率和准确性。通过机器学习和自然语言处理等技术，人工智能系统能够识别、分析和解释财务数据，自动生成标准化的财务报告，极大地减轻了财务人员的负担。

人工智能还能根据企业的特定需求和业务特点，实现财务报告的个性化生成。通过构建智能模型，人工智能系统能够深入理解企业的财务状况和经营成果，根据利益相关者的不同需求，生成具有针对性的财务报告，为企业决策提供更加精准和有用的信息支持。

因此，本节将深入探讨人工智能在财务报告生成中的应用及其影响。通过介绍人工智能技术的原理和应用场景，分析其在财务报告生成中的优势和局限性，提出相应的改进和优化建议。同时，还将关注人工智能应用过程中的风险和挑战，为企业在实践中应用人工智能技术提供有益的参考和借鉴。

一、人工智能技术在自动化报告编制中的应用

自动化报告编制的应用，不仅提高了工作效率，还降低了人为错误的风险。传统的手工编制财务报告过程中，人为因素往往容易导致数据录入错误或计算失误。而人工智能技术的应用，通过精确的算法和强大的数据处理能力，有效减少了这些错误的发生。AI 技术还可以实时监控财务数据的变化，及时发现并处理异常情况，确保报告的准确性和及时性。

AI 技术还能根据用户的需求和偏好，提供个性化的报告定制服务。通过对用户历史数据的分析和学习，AI 技术可以预测用户的报告需求，并自动生成符合用户期望的报告格式和内容。这种个性化的服务方式，不仅提高了用户的满意度，还为企业提供了更加精准的决策支持。

尽管 AI 技术在自动化报告编制中展现了巨大的潜力，但其应用仍面临一些挑战和限制。AI 技术的准确性和可靠性高度依赖于训练数据的质量和数量。如果训练数据存在偏差或数量不足，AI 算法的性能可能会受到影响，从而导致报告结果的不准确。AI 技术在处理复杂和模糊的财务数据时可能存在一定的困难。对于某些需要专业判断和分析的问题，AI 技术可能无法完全替代人工的作用。

为了充分发挥 AI 技术在自动化报告编制中的优势，企业需要采取一系列措施来克服上述挑战。企业应加强对训练数据的管理和质量控制，确保数据的准确性和完整性。企业应加强与 AI 技术提供商的合作，不断优化和改进算

法模型，提高 AI 技术的性能和准确性。企业还应加强对财务人员的培训和教育，提高他们的专业素养和技术水平，以便更好地与 AI 技术协同工作。

在可预见的未来，随着技术的不断进步和应用场景的不断拓展，AI 技术在自动化报告编制中的应用将更加广泛和深入。一方面，随着 AI 技术的不断发展和优化，其性能和准确性将得到进一步提升，能够更好地满足企业的报告需求。另一方面，随着大数据、云计算等技术的融合应用，AI 技术将能够处理更加复杂和庞大的财务数据集，为企业提供更加全面和深入的报告分析。

总的来说，人工智能技术在自动化报告编制中的应用具有巨大的潜力和优势。通过不断克服挑战和限制，加强技术创新和人才培养，企业可以充分利用 AI 技术来提高财务报告的编制效率和准确性，为企业的决策和发展提供有力支持。同时，这也将对会计行业的未来发展产生深远的影响，推动会计工作的智能化和数字化转型。

二、人工智能在财务报告审核与校对中的作用

在财务报告的生成过程中，审核与校对是确保报告质量的关键环节。传统上，这些工作主要依赖人工完成，然而随着企业规模的扩大和财务报告复杂性的增加，人工审核与校对面临着效率低下和易出错等问题；而人工智能技术的引入，为财务报告的审核与校对提供了全新的解决方案。

人工智能在财务报告审核与校对中的应用，主要体现在自动化审核和智能校对两个方面。自动化审核通过构建基于规则的审核系统，实现对财务报告的自动化检查。这一系统可以根据预设的规则和算法，对报告中的数据进行逐一比对和分析，快速发现可能存在的错误或异常。智能校对则利用自然语言处理等技术，对财务报告的文本内容进行智能检查。通过对文本中的语法、拼写、格式等进行自动识别和修正，提高报告的可读性和专业性。

人工智能在财务报告审核与校对中的作用不仅体现在提高效率和准确性上，更体现在提升报告的质量和价值上。通过自动化审核和智能校对，企业可以及时发现并纠正报告中的错误和遗漏，避免潜在的风险和损失。同时，

人工智能还可以对报告进行深度分析和挖掘，发现潜在的问题和趋势，为企业提供更全面、深入的决策支持。

然而，人工智能在财务报告审核与校对中的应用也面临一些挑战和限制。例如，对于某些复杂的财务交易或特殊的会计准则，人工智能可能难以准确理解和判断。人工智能的准确性和可靠性也受限于其算法和数据的质量。因此在应用人工智能进行财务报告审核与校对时，企业需要充分考虑其适用性和局限性，并结合实际情况进行科学合理的应用。

为了充分发挥人工智能在财务报告审核与校对中的作用，企业需要采取一系列措施来优化和完善其应用。企业应建立完善的规则库和算法模型，确保人工智能能够准确理解和应用财务报告的相关规则和准则。企业应加强对人工智能系统的培训和维护，不断提高其识别和修正错误的能力。企业还应结合人工审核和校对的方式，对人工智能系统的结果进行复核和确认，确保报告的质量和准确性。

同时，随着技术的不断进步和应用场景的不断拓展，人工智能在财务报告审核与校对中的应用也将不断创新和完善。例如，通过引入深度学习等先进技术，人工智能可以更加准确地理解和分析财务报告的内容；通过与其他信息系统的集成和互联，人工智能可以实现跨部门的数据共享和协同工作，进一步提高审核与校对的效率和准确性。

总之，人工智能在财务报告审核与校对中发挥着越来越重要的作用。通过合理利用人工智能技术，企业可以提高财务报告的质量和效率，降低潜在的风险和损失，为企业的稳健发展提供有力保障。然而在应用人工智能技术时，企业也需要充分考虑到其适用性和局限性，并结合实际情况进行科学合理的应用。未来，随着技术的不断发展和完善，人工智能在财务报告审核与校对中的应用将更加广泛和深入，为企业带来更多的机遇和挑战。

三、人工智能对财务报告流程优化的影响

在信息化和数字化浪潮的推动下，财务报告流程的优化已成为企业财务管理的重要一环，而人工智能技术的深入应用，正对财务报告流程的优化产

生着深远的影响。这种影响不仅体现在流程效率的提升上，更体现于流程质量的改进和流程管理的智能化上。

　　人工智能技术的引入显著提升了财务报告流程的效率。传统的财务报告流程往往涉及大量的数据收集、整理、分析和报告编制工作，这些工作不仅耗时耗力，而且容易出错。而人工智能通过自动化和智能化的手段，可以快速地完成数据收集、处理和分析，极大地缩短财务报告的编制周期。同时，人工智能还可以根据预设的规则和算法，自动完成报告的格式调整、数据核对等烦琐工作，进一步提高工作效率。

　　人工智能技术的应用有助于提升财务报告流程的质量。财务报告的质量直接关系到企业的决策效果和利益相关者的利益保护。人工智能通过深度学习和数据挖掘等技术，可以更加全面、深入地分析财务数据，发现隐藏在数据背后的规律和趋势，为企业的决策提供有力支持。人工智能还可以对财务报告的内容进行自动校对和审核，确保报告的准确性和完整性，降低人为错误的风险。

　　人工智能还推动了财务报告流程的智能化管理。通过对历史数据的学习和分析，人工智能可以预测未来财务报告的需求和趋势，为企业提供前瞻性的决策支持。同时，人工智能还可以实时监控财务报告的流程执行情况，及时发现并处理流程中的问题和异常，提高流程的稳定性和可靠性。这种智能化管理不仅提升了财务报告流程的管理水平，还为企业的财务管理带来了更多的可能性和创新空间。

　　然而，人工智能对财务报告流程优化的影响并非全然积极。一方面，人工智能的引入可能导致部分传统财务报告岗位的消失或转型，对财务人员的职业规划和发展提出了新的挑战。另一方面，人工智能技术的准确性和可靠性仍受到数据质量、算法模型等因素的制约，存在一定的风险和不确定性。因此在应用人工智能技术优化财务报告流程时，企业需要充分考虑到这些因素并制定合理的应对策略。

　　为了充分发挥人工智能在财务报告流程优化中的积极作用，企业需要采取一系列措施来加强人工智能技术的应用和管理。首先，企业应加强对财务人员的培训和教育，提高他们的信息素养和数据分析能力，使他们能够更好地适应和应对人工智能带来的变革。其次，企业应加强与人工智能技术提供商的合作和交流，不断引进和应用先进的技术和解决方案，提升财务报告流程的智能化水平。最后，企业还应加强对人工智能系统的监管和评估，确保其准确性和可靠性符合企业的需求和期望。

展望未来，随着人工智能技术的不断发展和完善，其在财务报告流程优化中的应用将更加广泛和深入。一方面，人工智能将进一步提升财务报告流程的效率和质量，为企业提供更加高效、准确的财务报告服务。另一方面，人工智能将与大数据、云计算等技术深度融合，推动财务报告流程的数字化转型和智能化升级，为企业的财务管理带来更加广阔的发展前景。

人工智能对财务报告流程优化产生了深远的影响。通过合理利用人工智能技术，企业可以显著提升财务报告流程的效率和质量，实现流程管理的智能化和数字化转型。然而在应用人工智能技术时，企业也需要充分考虑到其潜在的风险和挑战，制定合理的应对策略。未来，随着技术的不断进步和应用场景的不断拓展，人工智能在财务报告流程优化中的应用将更加成熟和完善，从而为企业的财务管理带来更多的机遇和挑战。

四、人工智能技术在财务报告披露中的应用

随着信息时代的快速发展，财务报告披露作为企业与外部利益相关者沟通的重要桥梁，其准确性和效率性要求越来越高。人工智能技术以其强大的数据处理能力和智能分析能力，在财务报告披露领域展现出了巨大的应用潜力。本节将深入探讨人工智能技术在财务报告披露中的应用，并分析其带来的变革与挑战。

（一）自动化披露流程的构建

财务报告披露涉及大量的数据收集、整理、分析和发布等环节，传统的手工操作方式不仅效率低下，而且容易出错。人工智能技术通过自动化流程的构建，能够实现对财务报告披露全过程的智能化管理。

具体而言，人工智能技术可以自动从企业的财务系统中提取相关数据，根据预设的规则和模板进行格式化和排版，并自动发布到指定的信息披露平台。这一过程中，人工智能系统能够实时监控数据的完整性和准确性，确保披露信息的真实可靠。系统还能够自动调整披露格式和样式，以适应不同平台和受众的需求，提高披露信息的可读性和易用性。

（二）智能审核与预警机制的引入

财务报告披露的准确性和合规性是保障企业声誉和投资者权益的关键。传统的审核方式往往依赖于人工的逐项核对，效率低下且容易遗漏。人工智能技术的引入为财务报告披露的审核工作带来了革命性的变革。

通过深度学习和自然语言处理等技术手段，人工智能系统能够对财务报告披露的内容进行智能分析和识别，自动检测披露信息中可能存在的错误、遗漏或不合规情况，并实时发出预警提示。这不仅大大提高了审核工作的效率和准确性，还保障了披露信息的合规性和质量。

（三）个性化披露服务的实现

不同的利益相关者对于财务报告披露的信息需求存在差异。传统的财务报告披露方式往往无法满足个性化需求，导致信息披露的针对性和有效性不足。人工智能技术的应用为个性化披露服务的实现提供了可能。

通过分析利益相关者的信息偏好和需求，人工智能系统能够定制生成财务报告披露内容，自动调整报告的详略程度、信息呈现方式和解释说明，以满足不同利益相关者的需求。这有助于增强企业与投资者、监管机构等利益相关者之间的沟通和信任，提升企业的市场形象和品牌价值。

（四）数据安全与隐私保护的考量

尽管人工智能技术为财务报告披露带来了诸多便利和优势，但也面临着数据安全与隐私保护的挑战。财务报告涉及企业的敏感信息和商业秘密，一旦泄露或被滥用将给企业带来严重的损失和风险。

因此在应用人工智能技术时，企业需要充分考虑数据安全与隐私保护的问题。一方面要建立完善的数据安全管理制度和技术防护措施，确保财务报告数据的安全存储和传输；另一方面需要加强对人工智能系统的权限管理和访问控制，防止未经授权的访问和数据泄露。同时需要关注相关法律法规的要求，确保财务报告披露的合规性和合法性。

综上所述，人工智能技术在财务报告披露中的应用具有广阔的前景和潜力。通过自动化披露流程的构建、智能审核与预警机制的引入、个性化披露服务的实现以及数据安全与隐私保护的考量等措施，人工智能技术能够为企业带来更加高效、准确、个性化的财务报告披露服务。未来，随着技术的不断进步和应用场景的拓展，相信人工智能技术将在财务报告披露领域发挥更加重要的作用。

第二节　大数据分析与财务报告的关联

在数字化时代，大数据已经成为企业运营和决策的重要依据。财务报告作为企业财务信息的核心载体，其编制和分析同样离不开大数据技术的支持。大数据分析与财务报告的关联日益紧密，为企业提供了更为全面、深入和精准的信息支持。

大数据分析技术的应用，使得企业能够收集和处理海量的财务数据和非财务数据。通过对这些数据的深度挖掘和分析，企业可以揭示出隐藏在数据背后的规律和趋势，为财务报告的编制提供更加科学和客观的依据。大数据分析技术还能帮助企业识别财务风险和潜在机会，为企业的战略决策提供有力支持。

大数据分析技术还能提升财务报告的信息披露质量和透明度。通过对大量数据的分析和比对，企业可以更加准确地反映自身的财务状况和经营成果，减少信息不对称现象的发生。同时，大数据分析技术还能帮助企业识别并纠正财务报告中的错误和偏差，提高财务报告的可靠性和可信度。

一、大数据对财务报告内容的影响

大数据显著扩展了财务报告的数据来源和范围。传统的财务报告主要依赖于企业内部的财务数据，而大数据则能够整合企业内外部的各类数据，包括市场数据、用户行为数据、社交媒体数据等。这些多样化的数据为财务报告提供了更加全面和丰富的信息，有助于企业更准确地把握市场趋势和竞争态势。

大数据的应用使得财务报告的分析更加深入和精准。通过对大数据的挖掘和分析，企业可以深入了解客户的消费习惯、需求偏好以及市场变化等信息，从而制定出更加精准的市场策略和业务决策。大数据还可以帮助企业发现潜在的商业机会和风险点，为企业的未来发展提供有力支持。

大数据还推动了财务报告的实时性和动态性。传统的财务报告往往只能在特定的时间节点进行编制和发布，而大数据技术的应用使得企业能够实时收集和分析数据，从而及时更新和调整财务报告的内容。这种实时性和动态性使得财务报告更具时效性和参考价值，有助于企业及时应对市场变化和风险挑战。

然而大数据对财务报告内容的影响也带来了一些挑战和问题。一方面，大数据的复杂性和多样性使得数据处理和分析的难度增加，需要企业具备更强的数据处理和分析能力。另一方面，大数据的隐私和安全问题也不容忽视，企业需要加强对数据的保护和管理，确保数据的合法性和安全性。

为了充分发挥大数据在财务报告内容中的积极作用，企业需要采取一系列措施来加强大数据的应用和管理。首先，企业应建立完善的大数据收集和处理机制，确保数据的准确性和完整性。其次，企业应加强对大数据的分析和挖掘能力，提高数据的应用价值。最后，企业还应注重数据的隐私和安全保护，遵守相关法律法规和道德规范。

随着技术的不断进步和应用场景的不断拓展，大数据在财务报告内容中的应用也将不断创新和完善。例如，通过引入先进的机器学习算法和人工智能技术，企业可以更加精准地分析和预测市场趋势和客户需求；通过与其他信息系统的集成和互联，企业可以实现数据的共享和协同工作，提高财务报告的编制效率和准确性。

大数据对财务报告内容产生了深远的影响。通过合理利用大数据技术，企业可以丰富财务报告的信息内容、提高分析深度和广度、实现实时动态更新等目标。然而在应用大数据技术时，企业也需要充分考虑到其所面临的挑战和问题，并采取相应的措施来加强应用和管理。未来，随着技术的不断发展和完善，大数据在财务报告内容中的应用将更加广泛和深入，为企业的决策和管理提供更加全面和有力的支持。

二、大数据与财务报告的合规性问题

在大数据的时代背景下，财务报告的编制与发布不仅涉及信息的准确性和完整性，还须符合相关法律法规和会计准则的要求。大数据的引入为财务报告提供了更多维度和更深层次的信息，但同时也带来了一系列合规性挑战。

大数据的应用使得企业能够获取和处理海量信息，这些信息在丰富财务报告内容的同时，也可能触及隐私、知识产权保护等法律问题。例如，在收集和分析客户数据时，必须确保遵循相关的隐私法规，避免侵犯个人隐私权。大数据中可能包含受知识产权保护的信息，企业在使用这些信息时需要确保已获得合法授权。

大数据的复杂性和多样性也可能导致财务报告在编制过程中出现误差或遗漏，从而违反会计准则的要求。为了确保财务报告的合规性，企业需要建立完善的数据处理和分析流程，确保大数据的准确性和可靠性。同时，需要加强对财务报告编制人员的培训，提高他们的专业素养和法律意识。

为了应对大数据带来的合规性挑战，企业需要采取一系列措施。首先，建立完善的数据治理机制，确保数据的合法性和安全性。其次，加强与法律顾问和会计专家的合作，及时了解和掌握相关法律法规和会计准则的变化。最后，加强对财务报告编制人员的培训和教育，提高他们的专业素养和合规意识。

展望未来，随着大数据技术的不断发展和完善，以及相关法律法规和会计准则的不断更新，大数据与财务报告的合规性问题将更加复杂和多样。企业需要不断适应和应对这些变化，加强自身的合规性管理和风险控制能力，确保财务报告的准确性和合规性。同时，也需要积极探索新的技术和方法，以提高财务报告的编制效率和准确性，为企业的稳健发展提供有力保障。

三、大数据在提升财务报告决策支持中的作用

在当前的商业环境中，大数据的应用已成为推动企业发展的关键力量。财务报告作为企业运营和决策的重要依据，其准确性和全面性直接关系到企业的战略规划和市场竞争能力。因此将大数据技术引入财务报告的编制和分析过程中，对提升财务报告决策支持具有重大的作用。

大数据的应用能够极大地丰富财务报告的数据来源。传统的财务报告主要依赖于企业内部的财务数据，而大数据则涵盖更广泛的数据类型，包括社交媒体数据、客户行为数据、市场趋势数据等。这些外部数据不仅能够帮助企业更全面地了解市场环境和客户需求，还能够为财务报告的分析提供更为丰富的视角和维度。

大数据的实时性和动态性能够提升财务报告的时效性。传统的财务报告往往只能反映企业过去一段时间的运营情况，而大数据能够实时收集和分析数据，为企业提供实时的财务报告。这使得企业能够更快速地响应市场变化，调整经营策略，从而保持竞争优势。

大数据的预测性分析能力也为财务报告的决策支持提供了有力的支撑。通过对历史数据的挖掘和分析，大数据能够揭示出数据之间的关联性和趋势，从而预测未来的市场走向和企业发展趋势。这种预测性分析能力使得财务报告不再仅仅是对过去经营成果的总结，而是企业未来决策的重要依据。

然而，大数据在提升财务报告决策支持中的作用并非一蹴而就。企业在应用大数据技术时，需要克服一系列挑战。数据质量问题便是其中之一，大数据的来源广泛，数据类型多样，数据质量参差不齐。如果企业不能有效地清洗和整合数据，就可能导致分析结果的失真和误导。因此企业需要建立完善的数据质量管理体系，以确保数据的准确性和可靠性。

数据安全和隐私保护也是大数据应用中的重要问题。大数据中包含了大量的敏感信息，如客户个人信息、商业机密等。如果这些信息被泄露或滥用，将给企业带来严重的损失。因此企业在应用大数据技术时，需要加强对数据的安全管理和隐私保护，确保数据的安全性和合规性。

大数据技术的应用还需要企业具备相应的技术能力和人才支持。大数据的处理和分析需要专业的技术和工具，而企业往往缺乏这方面的经验和人才。因此企业需要加强技术培训和人才引进，提升企业的技术实力和人才储备。

尽管存在这些挑战，但大数据在提升财务报告决策支持中的作用依然不容忽视。为了更好地利用大数据技术提升财务报告的决策支持能力，企业可以采取以下策略：

一是加强数据整合和共享。企业应建立统一的数据管理平台，将各种来源的数据进行整合和共享，打破数据孤岛，实现数据的互联互通。这有助于企业更全面地了解市场环境和客户需求，为财务报告的分析提供更为丰富的数据支持。

二是提升数据分析能力。企业应加强对大数据技术的研发和应用，提升数据分析能力。通过运用数据挖掘、机器学习等技术手段，深入挖掘数据中的价值信息，为财务报告的决策支持提供更加精准和有力的依据。

三是加强人才培养和引进。企业应加大对大数据领域的人才培养和引进力度，建立专业的大数据团队。通过培训和引进相结合的方式，提升企业在大数据应用方面的技术实力和人才储备。

四是关注数据安全与隐私保护。在应用大数据技术时，企业应始终关注数据安全与隐私保护问题。建立完善的数据安全管理制度和隐私保护机制，确保数据的安全性和合规性。同时，加强对员工的数据安全意识培训，提高员工对数据安全和隐私保护的认识和重视程度。

大数据在提升财务报告决策支持中发挥着重要作用。虽然面临一些挑战和困难，但只要企业积极应对并采取有效措施加以解决，就能够充分发挥大数据在财务报告决策支持中的潜力和价值。随着技术的不断进步和应用场景的不断拓展，大数据将在财务报告领域发挥更加广泛和深入的作用，为企业的发展和决策提供更加全面和有力的支持。

第三节 智能化技术对财务报告标准与规范的影响

智能化技术的应用不仅改变了财务报告的编制和分析方式，也对财务报告的标准与完善提出了新的要求。

一方面，智能化技术的应用推动了财务报告标准的更新和完善。传统的财务报告标准往往基于手工操作和人为判断，难以适应智能化时代的需求。而智能化技术的应用，使得财务报告的编制更加自动化、智能化，因此需要建立与之相适应的新标准，以确保财务报告的准确性和可靠性。这些新标准需要考虑到智能化技术的特点和应用场景，确保财务报告能够真实、完整地反映企业的财务状况和经营成果。

另一方面，智能化技术也对财务报告的规范提出了更高的要求。智能化技术的应用使得财务报告的编制过程更加透明和可追溯，但也增加了数据泄露和篡改的风险。因此需要建立更加严格的财务报告规范，确保财务报告的完整性和安全性。这些规范需要涵盖数据收集、处理、分析和披露的各个环节，确保财务报告的合规性和可信度。

智能化技术的应用还需要与财务报告的标准与规范进行协同。智能化技术的发展日新月异，而财务报告的标准与规范往往具有一定的滞后性。因此需要建立一种动态的协调机制，使智能化技术与财务报告的标准与规范相互促进、共同发展。

智能化技术对财务报告标准与规范的影响深远而复杂。为了应对这些挑战和变革，企业需要密切关注智能化技术的发展趋势，积极参与财务报告标准与规范的制定和完善工作，确保财务报告的质量和信息披露的透明度。

一、智能化技术对现行财务报告标准的挑战

智能化技术改变了财务报告的编制方式，使得财务报告的生成更加自动

化和智能化。传统的财务报告编制过程往往依赖于人工操作和判断，而智能化技术可以通过自动化数据处理、机器学习和数据分析等手段，实现财务报告的快速生成和实时更新。然而这种自动化和智能化的编制方式也带来了新的问题。由于智能化技术的算法和模型可能存在缺陷或误差，故生成的财务报告可能不符合现行财务报告标准的要求，甚至可能存在误导性。因此如何确保智能化技术生成的财务报告符合标准，是现行财务报告标准面临的一大挑战。

智能化技术的应用使得财务报告的信息含量和复杂度大幅提升。智能化技术能够处理和分析大量的数据，挖掘出隐藏在数据背后的信息，为财务报告提供更加丰富和有深度的内容。然而这也使得财务报告的信息含量和复杂度大大增加，对财务报告标准的解读和应用提出了更高的要求。现行财务报告标准可能无法完全适应这种变化，需要在标准制定和修订过程中充分考虑智能化技术的影响，确保财务报告的准确性和可比性。

智能化技术还对财务报告的披露方式和内容提出了新的挑战。智能化技术可以实现财务报告的实时更新和动态披露，使得财务报告的披露更加及时和透明。但这也可能会导致财务报告披露的信息过于琐碎或冗余，增加信息处理的难度和成本。同时，智能化技术的应用可能使得财务报告披露的内容更加复杂和难以理解，对投资者的决策造成困扰。因此现行财务报告标准既需要保证信息披露的及时性和透明度，也要关注信息的有效性和可读性，确保财务报告能够为投资者提供有价值的参考信息。

面对智能化技术对现行财务报告标准的挑战，需要采取一系列措施来应对。一是加强对智能化技术的研究和应用，了解其技术特点和潜在风险，为财务报告标准的制定和修订提供科学依据；二是加强财务报告标准的制定和修订工作，充分考虑智能化技术的影响，确保财务报告标准的准确性和适用性；三是加强对财务报告编制和披露过程的监管和审核，确保财务报告符合标准的要求，防止误导性信息的出现；四是加强对投资者的教育和培训，提高他们的信息处理能力和决策水平，使他们能够更好地理解和利用财务报告中的信息。

值得注意的是，智能化技术并非完全取代人的角色，而是作为辅助工具来提升财务报告的质量和效率。在应对智能化技术挑战的过程中，仍需要重视人的因素，充分发挥人在财务报告编制和披露过程中的主观能动性。同时需要认识到，财务报告标准的制定和修订是一个持续的过程，需要不断地适应技术和市场的发展变化。因此需要保持开放和包容的态度，积极应对智能化技术带来的挑战，推动财务报告标准的不断完善和发展。

智能化技术对现行财务报告标准提出了严峻的挑战。需要采取一系列措施来应对这些挑战，确保财务报告的准确性和可靠性。同时需要保持开放和包容的态度，积极拥抱智能化技术带来的变革，推动财务报告的不断发展和完善。只有这样，才能更好地服务于投资者和市场的需要，为企业的稳健发展提供有力保障。

二、智能化趋势下财务报告规范的调整与完善

在智能化技术迅猛发展的背景下，财务报告规范面临着前所未有的调整与完善需求。智能化技术的广泛应用不仅改变了财务报告的编制方式和披露内容，也对财务报告的规范性和标准化提出了更高的要求。因此适应智能化趋势，对财务报告规范进行适时的调整和完善显得尤为重要。

智能化技术带来了财务报告编制方式的深刻变革。传统的财务报告编制往往依赖于人工操作和手工输入，存在数据录入错误、处理效率低下等问题。而智能化技术的应用使得财务报告编制更加自动化和智能化，通过数据自动抓取、智能分析和实时更新等手段，大大提高了财务报告的准确性和时效性。然而这也要求财务报告规范在数据来源、数据处理和数据质量等方面进行更加明确和细致的规定，以确保智能化技术应用的合法性和合规性。

同时，智能化技术促进了财务报告披露内容的拓展和深化。智能化技术能够处理和分析大量的数据，挖掘出隐藏在数据背后的信息，为财务报告提供更加丰富和深入的内容。这要求财务报告规范在信息披露的范围、深度和格式等方面进行适应性的调整，以充分反映企业的财务状况和经营成果。智能化技术还使得财务报告的披露更加及时和透明，这要求财务报告规范在实

时更新和信息披露的时效性方面制定更加严格的标准。

然而智能化趋势下财务报告规范的调整与完善并非一蹴而就的。它需要充分考虑到智能化技术的特点和影响，对现行财务报告规范进行全面梳理和评估，找出现有规范中不适应智能化趋势的部分，并进行相应的修订和完善。此外，需要加强与相关领域的沟通和协作，借鉴其他行业的成功经验和做法，共同推动财务报告规范的调整和完善。还需要加强对财务报告编制人员的培训和教育，提高他们的专业素养和技术水平，确保他们能够熟练掌握和应用智能化技术，为财务报告的规范性和标准化提供有力保障。

在调整与完善财务报告规范的过程中，还需要关注其可操作性和实施效果。一方面，规范的调整应当符合实际操作的需要，避免过于复杂或难以执行的规定；另一方面，需要对调整后的规范进行实际应用的检验，确保其能够有效地提升财务报告的质量和效率。这可能需要通过试点项目或案例分析等方式进行实践探索，以便及时发现问题并进行优化。

财务报告规范的调整与完善还需要考虑到国际的协调与统一。随着全球经济的深度融合和资本市场的互联互通，财务报告的国际化趋势日益明显。因此在调整和完善财务报告规范时，需要关注国际财务报告准则的最新动态和发展趋势，确保我国的财务报告规范与国际接轨，提高我国企业在国际市场上的竞争力。

同时需要认识到，财务报告规范的调整与完善是一个持续的过程。随着智能化技术的不断发展和应用场景的不断拓展，财务报告规范需要不断地进行更新和优化，以适应新的技术和市场环境。因此需要建立一套完善的规范调整机制，定期对财务报告规范进行审查和修订，确保其始终保持与时俱进的状态。

智能化趋势下财务报告规范的调整与完善是一项重要而紧迫的任务。需要全面考虑智能化技术的特点和影响，对现有财务报告规范进行适应性的调整和完善，同时加强与国际的协调与统一，确保财务报告的规范性和标准化得到有效提升。这将有助于提高财务报告的质量和效率，为企业的稳健发展和资本市场的健康运行提供有力保障。

三、智能化技术在财务报告质量提升中的应用前景

随着智能化技术的不断发展和深入应用，其在财务报告质量提升方面的应用前景越发广阔。智能化技术凭借其强大的数据处理、分析和挖掘能力，为财务报告的准确性和可靠性提供了有力支撑，同时为财务报告的编制和披露过程带来了革命性的变革。

在财务报告编制过程中，智能化技术可以通过自动化数据处理和机器学习算法，实现对大量数据的快速、准确处理，避免了传统手工录入和处理的烦琐和易错性。这不仅可以提高财务报告的编制效率，还可以大大减少人为错误和失误，从而提升财务报告的准确性和可靠性。智能化技术还可以通过对历史数据和业务规则的学习，构建出财务报告的智能生成模型，实现财务报告的自动生成和实时更新，大大提高财务报告的时效性和准确性。

在财务报告信息披露方面，智能化技术同样具有巨大的应用潜力。通过自然语言处理、数据挖掘和可视化技术，智能化技术可以帮助企业更好地呈现财务报告内容，使信息更加直观、易懂。这不仅可以提升投资者的阅读体验，还可以帮助他们更快地获取和了解企业的财务状况和经营成果。同时，智能化技术可以实现财务报告的个性化披露，根据投资者的不同需求和偏好，提供个性化的信息展示方式，满足投资者的多元化信息需求。

然而智能化技术在财务报告质量提升中的应用也面临着一些挑战和限制。智能化技术的应用需要大量的数据支持，如果企业数据质量不高或数据量不足，将直接影响智能化技术的应用效果。智能化技术的算法和模型需要不断地进行训练和优化，以适应不同的应用场景和业务需求，这需要企业具备相应的技术能力和人才储备。此外，智能化技术的应用还需考虑数据安全和隐私保护等问题，以确保财务报告信息的合法性和合规性。

为了充分发挥智能化技术在财务报告质量提升中的应用潜力，企业需要采取一系列措施。首先，加强数据治理和质量管理，确保数据的准确性和完整性，为智能化技术的应用提供坚实的基础。其次，加大技术投入和人才培养力度，提升企业的技术能力和人才储备，为智能化技术的应用提供有力支

持。最后，加强与外部机构的合作与交流，借鉴先进经验和技术成果，推动财务报告质量的不断提升。

随着技术的不断进步和应用场景的拓展，智能化技术在财务报告质量提升中的应用将呈现更多可能性。例如，引入区块链技术可实现财务报告数据的不可篡改和可追溯，进一步提高财务报告的可靠性和可信度；通过应用人工智能技术可以实现财务报告的智能分析和预测，为企业决策提供更加精准有效的支持。

智能化技术在财务报告质量提升中的应用前景广阔，具有巨大的潜力和价值。企业需要积极拥抱智能化技术，加强技术应用和创新，不断提升财务报告的质量和水平。同时需要关注技术应用中的挑战和限制，加强风险管理和合规性控制，确保财务报告的准确性和可靠性得到有效保障。

第四节 智能化技术对财务报告透明度和可靠性的影响

财务报告的透明度和可靠性一直是企业财务信息披露的核心要求。随着智能化技术的广泛应用，财务报告的透明度和可靠性得到了进一步提升，但同时也面临着新的挑战和机遇。

智能化技术的应用使得财务报告的编制和分析过程更加智能化和自动化，从而提高了财务报告的透明度。企业通过智能化技术可以更高效地收集、处理和分析财务数据，使财务报告内容更丰富和详细。同时，智能化技术可以帮助企业实现财务报告的实时更新和动态监测，使得利益相关者能够更及时地获取企业的财务信息，提高财务报告的时效性。

智能化技术还通过优化数据处理和分析算法，提高了财务报告的可靠性。传统财务报告编制过程中的人为错误和主观判断得以通过智能化技术得到减少，提高财务报告的客观性和准确性。通过采用大数据分析和机器学习等技术手段，企业可以深入挖掘财务数据背后的规律和趋势，为财务报告的编制提供更加科学和客观的依据。

然而，智能化技术的应用也带来了一些新的风险和挑战。一方面，企业需要具备相应的技术能力和人才储备充分发挥智能化技术的优势；另一方面，智能化技术的应用可能引发数据安全和隐私保护等问题，如果处理不当，可能会对财务报告的透明度和可靠性造成负面影响。

因此企业在应用智能化技术提升财务报告透明度和可靠性的同时，也需要加强风险管理和控制。企业需要建立完善的数据管理和安全机制以确保财务数据的安全性和保密性；同时加强员工培训和技术支持，提高员工对智能化技术的认知和应用能力。

一、智能化技术提升财务报告透明度的机制

智能化技术通过自动化数据处理和智能分析显著提高了财务报告的信息披露效率。传统财务报告编制中的数据处理和信息披露往往依赖于人工操作，不仅效率低下，而且容易出错。而智能化技术可以自动抓取、整理和分析数据，实现财务报告的快速生成和实时更新。这使得财务报告能够更及时、全面地反映企业的财务状况和经营成果，从而提高了财务报告的透明度。

智能化技术还通过数据可视化和交互式报告增强了财务报告的可读性和理解性。传统财务报告以文字和数字的形式呈现，非专业投资者可能难以理解。而智能化技术可以将数据转化为图表、图像等可视化形式，使得财务报告更加直观易懂。同时，交互式报告功能使得投资者能够根据自己的需求定制报告内容，进一步提高了财务报告的透明度。

智能化技术通过构建信息共享平台和加强外部审计，增强了财务报告的公开性和可信度。信息共享平台便于财务报告更便捷地传播给投资者和利益相关者，降低了信息获取的成本和门槛。同时，外部审计机构可以利用智能化技术对财务报告进行全面深入的分析和审查，确保财务报告的真实性和准确性，从而提高财务报告的透明度。

然而智能化技术在提升财务报告透明度的过程中也面临一些挑战和限制。例如，数据质量的问题可能影响智能化技术的应用效果。如果企业提供的原始数据不准确或不完整，即使采用最先进的智能化技术，也难以生成高质量的财务报告。此外，智能化技术的应用可能涉及数据安全和隐私保护等敏感

信息，需要企业在应用过程中加强风险管理和合规性控制。

为了充分发挥智能化技术在提升财务报告透明度方面的优势，企业需要采取一系列措施。一是加强数据治理和质量管理，确保原始数据的准确性和完整性，包括建立完善的数据采集、存储和处理流程，加强数据质量监控和校验等方面的工作；二是积极引进和应用先进的智能化技术，提升财务报告编制和披露的自动化和智能化水平，包括采用大数据、人工智能等技术手段，优化财务报告的编制流程和信息披露方式；三是加强外部合作与交流，借鉴其他行业或地区的先进经验和技术成果，推动财务报告透明度的不断提升。

值得注意的是，智能化技术虽然能够提升财务报告的透明度，但并不能完全替代人工操作和判断。在财务报告编制和披露过程中，仍然需要专业人员的参与和审核，以确保财务报告的真实性和准确性。因此企业需要注重培养和引进具有专业知识和技能的财务报告编制人员，为财务报告的透明度和可靠性提供有力保障。

智能化技术通过自动化数据处理、数据可视化、信息共享平台和外部审计等多种机制，有效提升了财务报告的透明度。然而，在应用过程中需要注意数据质量、数据安全等问题，并充分发挥人的主观能动性，以确保财务报告的真实性和准确性。随着技术的不断进步和应用场景的拓展，智能化技术在提升财务报告透明度方面的作用将更加凸显，为企业和投资者提供更加透明、可靠的财务信息支持。

二、智能化技术对财务报告可靠性的影响

随着科技的不断进步，智能化技术以其强大的数据处理和分析能力逐渐改变着财务报告的编制方式和信息披露模式，对财务报告的可靠性产生了深远的影响。这种影响不仅体现在财务报告编制过程中的数据准确性和一致性上，还体现在信息披露的完整性和真实性上。

在财务报告编制过程中，智能化技术通过自动化数据处理和智能分析显著提高了数据的准确性和一致性。减少人为干预和错误。智能化技术还可以通过对历史数据的分析和学习，发现数据中的异常值和错误，进一步提高数

据的可靠性。

除了数据准确性，智能化技术还通过优化信息披露模式，增强了财务报告的可靠性。传统财务报告提供的静态数据和信息，难以全面反映企业的财务状况和经营成果。智能化技术可以实现财务报告的动态更新和实时披露，使投资者能够及时了解企业的最新情况。同时，智能化技术可以提供交互式报告和个性化信息披露功能，满足投资者对信息的个性化需求，提高信息的可读性和理解性。

然而智能化技术在提高财务报告可靠性的同时带来了一些新的挑战和风险。智能化技术的应用需要大量的数据支持，如果数据质量不高或存在偏差，将直接影响财务报告的可靠性。因此企业需要加强数据治理和质量管理，确保数据的准确性和完整性。智能化技术的算法和模型需要不断地进行训练和优化，以适应不同的应用场景和业务需求。如果算法或模型存在缺陷或错误，也可能导致财务报告的可靠性受到影响。因此企业需要加强对智能化技术的研发和应用，确保其准确性和稳定性。

智能化技术在财务报告可靠性方面的影响还体现在其对内部控制的改进上。通过智能化技术的应用，企业可以建立更加高效和精准的内部控制体系，对财务报告的编制和披露过程进行实时监控和预警。这有助于及时发现和纠正潜在的错误和偏差，确保财务报告的可靠性。同时，智能化技术可以提供风险评估和预测功能，帮助企业更好地识别和管理财务报告相关的风险。

然而，尽管智能化技术能够提高财务报告的可靠性，但它并不能完全替代人工审核和判断。在财务报告编制和披露过程中，仍然需要专业人员的参与和把关，以确保财务报告的真实性和准确性。因此企业需要培养和引进具有专业知识和技能的财务报告编制和审核人员，形成人机协同的工作模式，共同提升财务报告的可靠性。

随着技术的不断进步和应用场景的不断拓展，智能化技术在财务报告可靠性方面的作用将更加凸显。未来，我们期待看到更多创新的智能化技术应用于财务报告领域，为企业和投资者提供更加可靠、高效的财务信息支持。同时，企业需要不断适应和应对智能化技术带来的挑战和风险，加强技术研发和应用能力，确保财务报告的可靠性和真实性得到有效保障。

智能化技术对财务报告的可靠性产生了深远影响。通过自动化数据处理、优化信息披露模式以及改进内部控制等方式，智能化技术提高了财务报告的准确性和一致性，增强了信息的可读性和理解性。然而，在应用过程中需要注意数据质量、算法模型以及人机协同等问题，以确保财务报告的可靠性得到有效保障。随着技术的不断发展，未来我们有理由相信智能化技术将在财务报告领域发挥更加重要的作用。

三、智能化技术在防范财务报告舞弊中的作用

随着财务报告的重要性日益凸显，财务报告舞弊现象也屡见不鲜，严重损害了投资者的利益和市场的公平与透明。在这一背景下，智能化技术以其独特的优势，为防范财务报告舞弊提供了新的解决思路。

智能化技术通过构建高效的数据监控和分析系统，实现对财务报告数据的实时追踪和异常检测。传统的手工审计方式往往受限于人力和时间，难以对庞大的财务报告数据进行全面细致的审查。而智能化技术可以通过大数据分析、机器学习等技术手段，对财务报告数据进行深度挖掘和模式识别，及时发现异常数据和潜在风险。这种实时追踪和异常检测的能力，有助于企业及时发现和纠正财务报告中的错误和舞弊行为，从而保障财务报告的准确性和可靠性。

智能化技术还可以通过对财务报告编制过程进行智能监控，降低舞弊行为的发生概率。传统财务报告在编制过程往往存在信息不对称和监管盲区，使得舞弊行为有了可乘之机。而智能化技术可以通过对编制过程的实时监控和数据分析，识别出潜在的舞弊迹象和风险点，及时发出预警并采取相应措施予以应对。这不仅可以减少舞弊行为的发生，还可以提高企业的内部控制水平，增强财务报告的透明度和可信度。

同时，智能化技术还可以提高审计工作的效率和准确性，进一步防范财务报告舞弊。传统的审计工作往往依赖于审计人员的经验和直觉，容易受主观因素的影响。而智能化技术可以通过自动化审计工具和智能分析模型，实

现对财务报告数据的快速、准确审查，减少人为错误和遗漏。这不仅可以提高审计工作的效率，还可以降低审计成本，使审计工作更加科学、客观和公正。

尽管智能化技术在防范财务报告舞弊中发挥了重要作用，但也无法完全替代传统的审计和监督手段。智能化技术虽然具有强大的数据处理和分析能力，但仍然存在误判和漏判的可能性。因此在应用智能化技术时，仍需结合传统的审计和监督手段，形成多层次的防范体系，确保财务报告的准确性和可靠性。

智能化技术的应用也面临着一些挑战和限制。例如，数据的真实性和完整性是智能化技术发挥作用的基础，如果数据存在质量问题，将直接影响智能化技术的分析结果。因此企业需要加强数据治理和质量管理，确保数据的准确性和可靠性。同时，智能化技术的应用需要考虑技术更新和迭代的问题，以适应不断变化的财务报告舞弊手段和形式。

为了充分发挥智能化技术在防范财务报告舞弊中的作用，企业需要采取一系列措施。加强技术研发和创新能力，不断推出适用于财务报告舞弊防范的智能化工具和模型。加强人才培养和团队建设，培养一支具备专业知识和技能的智能化技术应用团队。同时，加强与外部机构的合作与交流，借鉴先进经验和技术成果，共同推动财务报告舞弊防范工作水平的不断提升。

智能化技术在防范财务报告舞弊中发挥着重要作用。它通过构建高效的数据监控和分析系统、对财务报告编制过程进行智能监控以及提高审计工作的效率和准确性等方式，有助于降低舞弊行为的发生概率、提高财务报告的透明度和可信度。然而在应用过程中也需要注意数据质量、技术更新和人才培养等问题，以确保智能化技术能够充分发挥其优势，为防范财务报告舞弊提供有力支持。

四、智能化环境下财务报告透明度与可靠性的平衡

在数字化浪潮的推动下，智能化技术已逐渐成为财务报告编制与披露的关键驱动力。然而技术的双刃剑效应也越发凸显，即在提升财务报告透明度

的同时，其可靠性亦面临新的挑战。如何在智能化环境下实现财务报告透明度与可靠性的动态均衡，成为当前财务领域亟待解决的问题。

透明度作为财务报告质量的重要指标，其提升有助于减少信息不对称，增强投资者信心。智能化技术的应用，如大数据分析、自然语言处理等，使得财务报告能够更快速、更全面地呈现企业的财务状况和经营成果。通过数据挖掘和可视化技术，企业能够向外界展示更多维度的财务信息，从而提高报告的透明度。然而，过度追求透明度可能导致敏感信息的泄露，进而损害企业的核心竞争力。因此，在智能化环境下，企业需要找到一个合适的透明度平衡点，既能满足外界的信息需求，又能保护自身的商业机密。

可靠性则是财务报告的生命线，它关系到财务报告是否真实、公正地反映了企业的财务状况。智能化技术的应用在一定程度上提高了财务报告的可靠性。例如，通过自动化数据处理和智能审核系统，可以减少人为错误和舞弊行为的发生。然而智能化技术本身也存在局限性，如算法模型的不完善、数据质量的参差不齐等，这些都可能对财务报告的可靠性产生负面影响。因此在智能化环境下，企业需要加强对智能化技术的监管和评估，确保其应用于财务报告编制和披露的过程中的有效性和可靠性。

实现财务报告透明度与可靠性的动态均衡，需要企业在多个层面进行努力。企业应建立完善的财务报告编制和披露制度，明确各项信息的披露标准和要求，确保报告的完整性和准确性。企业应加强对智能化技术的应用和管理，不断优化算法模型，提高数据处理和审核的效率和准确性。同时，企业还应加强内部控制，建立健全的风险管理和防范机制，防止因技术漏洞或人为失误导致财务报告失真。

监管机构在推动财务报告透明度与可靠性的动态平衡中也发挥着重要作用。监管机构应加强对智能化技术在财务报告领域应用的监管和规范，制定相应的法规和准则，为企业的实践提供指导。同时，监管机构应加强对企业财务报告的监督和检查，确保企业遵守相关法规和准则，提高财务报告的质量和可信度。

值得一提的是，投资者和利益相关者应积极参与财务报告透明度与可靠性的动态平衡。他们可以通过关注企业的信息披露情况、参与公司治理等方式，推动企业提高财务报告的透明度和可靠性。他们还可以利用智能化技术提供的便利条件，加强对企业财务报告的分析和评估，为投资决策提供有力支持。

在智能化环境下，财务报告透明度与可靠性的动态平衡是一个持续演进的过程。随着技术的不断进步和应用场景的不断拓展，企业需要不断调整和优化自身的财务报告策略和管理模式。同时，监管机构、投资者和利益相关者应密切关注智能化技术对财务报告领域的影响，共同推动财务报告质量的提升。

智能化环境下财务报告透明度与可靠性的动态平衡是一个复杂而重要的议题。企业需要综合考虑透明度与可靠性的关系，制定合理的财务报告策略和技术应用方案。同时，监管机构、投资者和利益相关者应积极参与其中，共同推动财务报告质量的提升和财务信息的有效披露。只有这样，才能确保财务报告在智能化环境下发挥更大的作用，为企业和投资者提供更加准确、全面的财务信息支持。

第三章　智能化技术在财务分析
与预测中的应用

　　智能化技术以其强大的数据处理能力、高效的运算速度和精准的分析模型，正逐渐渗透到财务管理的各个领域。尤其在财务分析与预测中，智能化技术的应用不仅能够提升工作效率，还能够为决策提供更为准确、科学的依据。本章将围绕智能化技术在财务分析与预测中的应用展开深入探讨，以期为财务管理者提供新的思路和方法。

　　智能化技术作为现代科技的代表，其运用机器学习、大数据分析、人工智能等先进技术，对财务数据进行深度挖掘和分析，实现了从海量数据中提取有价值信息的能力。在财务分析领域，智能化技术能够帮助财务人员快速识别财务数据中的规律和趋势，为企业的决策提供有力支持。而在财务预测方面，智能化技术能够构建精准的预测模型，为企业的未来发展提供科学的预测依据。

　　然而智能化技术的应用也面临着一些挑战。如何确保数据的准确性和完整性、如何选择合适的智能化分析工具、如何构建有效的预测模型等问题，都需要财务管理者进行深入研究和探索。因此本章将重点探讨智能化技术在财务分析与预测中的应用实践，以及如何克服应用中可能遇到的难题。

　　通过对智能化技术在财务分析与预测中的应用进行全面分析，本章旨在为财务管理者提供有益的参考和启示，推动财务管理向更加智能化、高效化的方向发展。

第一节　智能化技术在财务数据分析中的应用

在财务管理领域，财务数据分析是企业制定战略决策、优化资源配置的重要依据。然而传统的财务数据分析方法往往依赖于人工操作和经验判断，存在效率低下、准确性不高等问题。随着智能化技术的不断发展，越来越多的企业开始将智能化系统应用于财务数据分析中，以实现更高效、更精准的数据处理和分析。

智能化系统以其强大的数据处理能力和算法模型，能够快速处理海量的财务数据，并自动识别和提取有价值的信息。通过对财务数据进行深度挖掘和分析，智能化系统能够发现数据中的规律和趋势，为企业的决策提供有力支持。同时，智能化系统能够根据企业的实际需求，自动调整分析方法和模型，提高分析的准确性和可靠性。

在财务数据分析中，智能化系统的应用不仅提高了工作效率，还降低了人为错误的风险。通过自动化和智能化的数据处理和分析过程，企业可以更加快速、准确地获取财务信息，为企业的战略决策提供科学依据。智能化系统还能够为企业提供实时的财务数据分析服务，帮助企业及时掌握市场变化和竞争态势，做出更加明智的决策。

然而智能化系统在财务数据分析中的应用也面临一些挑战。如何确保数据的准确性和完整性、如何选择合适的智能化分析工具、如何构建有效的分析模型等问题都需要企业进行深入研究和探索。随着技术的不断发展，智能化系统也需要不断更新和升级，以适应不断变化的市场环境和企业需求。

智能化系统在财务数据分析中的应用具有广阔的前景和重要的价值。通过不断探索和实践，企业可以充分利用智能化系统的优势，提高财务数据分析的效率和准确性，为企业的战略决策和可持续发展提供有力支持。

一、智能化系统在财务数据整理与分类中的应用

随着信息技术的迅猛发展和数据资源的日益丰富，智能化技术在财务分

析与预测领域的应用越来越广泛。智能化系统以其高效的数据处理能力、精准的预测模型以及强大的分析能力，为企业的财务决策提供了有力支持。

在财务数据分析领域，智能化系统发挥着至关重要的作用。传统的财务数据分析往往依赖于人工操作和简单的统计方法，不仅效率低下，而且难以深入挖掘数据背后的规律和趋势。而智能化系统通过运用大数据、机器学习等先进技术，可以实现对财务数据的高效处理、精准分析和深度挖掘，为企业提供更全面、深入的财务洞察。

财务数据整理与分类是财务分析的基础工作，对于确保数据的准确性和一致性具有重要意义。智能化系统通过自动化的数据抓取、清洗和分类功能，可以大大提高财务数据整理的效率和质量。

一方面，智能化系统能够自动从各种数据源中抓取财务数据，并进行标准化处理，消除数据格式不一致、重复等问题。这不仅可以节省大量的人工操作时间，还可以避免因人为因素导致的错误和遗漏。

另一方面，智能化系统可以根据预设的规则和算法，对财务数据进行自动分类和标签化。通过对数据进行分类和标签化，企业可以更方便地查找和分析特定类型的数据，为后续的数据分析提供便利。

智能化系统还可以通过数据可视化技术，将整理后的财务数据以图表、图像等形式展示出来，使得数据更加直观易懂。这有助于企业决策者更快速地理解数据背后的含义和趋势，从而做出更明智的决策。

然而，智能化系统在财务数据整理与分类中的应用也面临一些挑战。例如，对于复杂的数据结构和非标准化的数据源，智能化系统的识别和抓取能力可能受到限制。不同的分类规则和算法可能会导致不同的分类结果，需要企业根据自身需求进行选择和调整。

为了充分发挥智能化系统在财务数据整理与分类中的优势，企业需要采取一系列措施。例如，加强数据治理和质量管理，确保原始数据的准确性和完整性，包括建立规范的数据采集、存储和处理流程，以及加强数据质量监控和校验等方面的工作；积极引进和应用先进的智能化技术，提升财务数据整理与分类的自动化和智能化水平，包括采用自然语言处理、图像识别等技术手段，优化数据抓取和分类的准确性和效率。

在应用智能化系统的过程中，企业应注重人才培养和团队建设。通过培训和教育等方式，提升员工对智能化技术的认识和应用能力，使其能够更好地利用智能化系统进行财务数据整理与分类工作。同时，加强与其他部门的沟通和协作，形成跨部门的数据共享和协同工作机制，进一步提高财务数据整理与分类的效率和准确性。

智能化系统在财务数据整理与分类中的应用具有重要的价值和意义。通过自动化抓取、清洗和分类等功能，智能化系统可以显著提高财务数据整理的效率和质量，为后续的财务分析和预测提供有力支持。然而，在应用过程中也需要注意数据质量、技术选择和人才培养等问题，以确保智能化系统的应用效果最大化。

未来，随着技术的不断进步和应用场景的不断拓展，智能化系统在财务数据整理与分类中的应用将更加广泛和深入。例如，通过结合大数据和人工智能技术，智能化系统可以实现对财务数据的实时更新和动态分类，满足企业对于实时财务信息的需求。同时，随着数据安全和隐私保护技术的不断完善，智能化系统在财务数据整理与分类中的应用也将更加安全可靠。因此企业应积极拥抱智能化技术，加强技术研发和应用创新，不断提升财务数据整理与分类的智能化水平，为企业的财务决策提供更加全面、深入和精准的支持。

二、智能化技术在财务数据可视化中的应用

随着企业财务数据的不断增长和复杂化，传统的报表和数据分析方式已经难以满足企业决策者的需求。在这一背景下，智能化技术在财务数据可视化方面的应用逐渐崭露头角，为企业提供了更加直观、生动的数据展示方式。

财务数据可视化是指将财务数据以图形、图像等形式直观地展示出来，以便更好地理解和分析数据。通过财务数据可视化，企业决策者可以更加快速地识别数据中的关键信息和趋势，从而做出更加明智的决策。

智能化技术在财务数据可视化中的应用主要体现在以下三个方面。

一是智能化技术可以自动将财务数据转化为各种图表和图像，如折线图、柱状图、饼图等，使得数据更加直观易懂。这些图表和图像不仅可以展示数据的总量和分布情况，还可以揭示数据之间的关联和趋势，帮助决策者更好地把握企业的财务状况和经营成果。

二是智能化技术可以根据用户的需求和偏好，提供个性化的财务数据可视化方案。不同的用户可能对不同的数据指标和可视化方式有不同的需求，智能化技术可以通过用户画像和数据分析，为用户推荐最适合的可视化方案，提高用户的使用体验和满意度。

三是智能化技术可以通过交互式可视化界面，实现用户与数据之间的实时交互和反馈。用户可以通过拖动、缩放、筛选等操作，自由地探索和分析财务数据，发现隐藏在数据中的深层次信息和规律。这种实时交互和反馈的方式不仅可以提高用户的参与度和积极性，还可以增强数据的可读性和理解性，促进决策的科学性和准确性。

另外，智能化技术在财务数据可视化方面的应用也面临一些挑战和限制。首先，数据的质量和准确性是可视化效果的基础。如果数据存在错误或缺失，将直接影响可视化结果的准确性和可靠性。因此，在应用智能化技术进行财务数据可视化时，企业需要加强对数据的治理和清洗工作，确保数据的准确性和完整性。

其次，智能化技术的选择和应用也需要考虑具体场景和需求。不同的可视化技术和工具具有不同的特点和适用范围，企业需要根据自身的业务需求和数据特点，选择最适合的可视化方案。同时，企业需要加强技术研发和创新，不断探索和尝试新的可视化技术和方法，以满足不断变化的市场需求和用户需求。

最后，智能化技术在财务数据可视化中的应用还需要关注数据安全和隐私保护问题。在数据可视化的过程中，可能会涉及企业的敏感信息和商业机密，因此需要采取相应的安全措施和技术手段，以确保数据的安全性和隐私性。

虽然智能化技术在财务数据可视化中的应用为企业提供了更加直观、生动的数据展示方式，有助于企业决策者更好地理解和分析财务数据，做出更加明智的决策。但是，在应用过程中需要注意数据质量、技术选择和隐私保护等问题，以确保可视化效果的有效性和安全性。随着技术的不断发展和应用场景的不断拓展，智能化技术在财务数据可视化方面的应用将会越来越广泛和深入，为企业的发展提供更加有力的支持。

未来，随着大数据、人工智能等技术的不断进步，智能化技术在财务数据可视化方面的应用将更加智能化和个性化。例如，通过深度学习等技术，智能化系统可以自动识别和理解用户的需求和偏好，为用户推荐更加精准和个性化的可视化方案。同时，通过实时数据分析和预测，智能化系统可以为企业提供更及时和准确的数据支持，帮助企业更好地应对市场变化和风险挑战。

随着跨界融合和产业链整合的不断加速，智能化技术还可以与其他领域的先进技术相结合，形成更加综合和全面的财务数据可视化解决方案。例如，通过结合物联网技术，可以实现对企业财务数据的实时监测和动态展示；通过结合虚拟现实技术，可以构建更加逼真的三维数据可视化场景，提供更加沉浸式的用户体验。

企业应积极关注智能化技术在财务数据可视化方面的最新发展和应用趋势，加强技术研发和人才培养，不断提升自身在财务数据可视化方面的智能化水平。同时加强与外部合作伙伴的沟通和协作，共同推动财务数据可视化技术的创新和发展，为企业创造更大的价值。

三、智能化技术在财务数据异常检测中的应用

随着企业财务数据的日益庞大和复杂，财务数据异常检测成为确保企业财务健康和安全的重要环节。智能化系统以其强大的数据处理能力和精准的分析模型，在财务数据异常检测中发挥着越来越重要的作用。

财务数据异常检测旨在识别并预警那些偏离正常模式或预期范围的数据，这些数据可能预示着潜在的财务风险、错误或欺诈行为。传统的异常检测方法往往依赖于人工设定的规则和阈值，难以应对复杂多变的财务数据环境。而智能化系统则通过引入机器学习和数据挖掘等技术，自动学习和识别财务

数据的正常模式，并实时检测潜在的异常。

智能化系统在财务数据异常检测中的应用具有多个方面的优势。首先，它能够实现实时监控和预警，通过持续监控财务数据流，智能化系统能够及时发现偏离正常模式的异常数据，并通过预警机制通知相关人员，以便迅速采取措施；其次，能够处理大规模和高维度的财务数据，传统的异常检测方法在处理大量数据时往往效率低下，而智能化系统则能够利用高效的算法和计算资源，快速处理和分析财务数据，提高异常检测的准确性和效率；最后，随着财务数据的不断积累和变化，智能化系统能够自动调整和优化模型参数，以适应新的数据分布和异常模式。

然而智能化系统在财务数据异常检测中的应用也面临一些挑战和限制。数据的质量和完整性对于异常检测至关重要。如果财务数据存在缺失、错误或不一致等问题，将直接影响智能化系统的学习和检测效果。因此在应用智能化系统进行异常检测之前，需要对数据进行充分的预处理和清洗工作。智能化系统的选择和配置需要根据具体的财务数据和业务需求进行定制。不同的企业和场景可能具有不同的数据特点和异常模式，因此需要针对具体情况进行模型选择和参数调整。智能化系统的运行和维护也需要一定的专业知识和技能，以确保系统的稳定性和可靠性。

为了充分发挥智能化系统在财务数据异常检测中的作用，企业可以采取一系列措施。例如，加强数据治理和质量管理，确保财务数据的准确性和完整性，包括建立规范的数据采集、存储和处理流程，以及加强数据质量监控和校验等方面的工作；积极引进和应用先进的智能化技术，如深度学习、无监督学习等，提升异常检测的准确性和效率；结合企业的实际情况和业务需求，定制适合自身的异常检测模型和策略；加强人才培养和团队建设，提升员工对智能化系统的认识和应用能力，使其能够更好地利用智能化系统进行财务数据异常检测工作。

除了以上措施，企业还应关注智能化系统在财务数据异常检测中的最新发展趋势和应用场景。随着技术的不断进步和应用场景的不断拓展，智能化系统在财务数据异常检测中的应用将更加广泛和深入。例如，利用大数据和云计算技术，可以实现对海量财务数据的实时分析和处理；通过结合自然语言处理和文本挖掘技术，可以对财务报告中的文本信息进行异常检测和分析；利用图计算和社交网络分析技术，可以揭示财务数据之间的关联和潜在风险。

　　智能化系统在财务数据异常检测中的应用具有重要的价值和意义。通过引入机器学习和数据挖掘等技术，智能化系统能够实现对财务数据的实时监控和精准分析，及时发现潜在的异常和风险。然而在应用过程中也需要注意数据质量、技术选择和人才培养等问题，以确保智能化系统的应用效果最大化。未来，随着技术的不断进步和应用场景的不断拓展，智能化系统在财务数据异常检测中的应用将更加成熟和智能化，为企业的财务安全和健康发展提供有力支持。

四、智能化技术在财务数据质量控制中的作用

　　在财务管理领域，数据质量的高低直接关系决策的有效性和企业运营的稳定。随着企业规模的扩大和业务的复杂化，财务数据质量控制面临着前所未有的挑战。智能化技术的出现，为财务数据质量控制提供了新的解决方案和途径。

　　财务数据质量控制是指对财务数据进行全面、系统、有效的管理和控制，以确保数据的准确性、完整性和可靠性。传统的财务数据质量控制方法往往依赖于人工审核和校验，不仅效率低下，而且难以应对大规模、高频率的数据处理需求。智能化技术以其高效、精准的特点，在财务数据质量控制中发挥着越来越重要的作用。

　　智能化技术在财务数据质量控制中的作用主要体现在以下三个方面。

　　一是智能化技术可以实现自动化审核和校验。通过预设的规则和算法，智能化系统能够自动对财务数据进行逐项审核和校验，快速发现数据中的错误和异常，并给出相应的提示和建议。这大大提高了数据审核的效率和准确性，降低了人为错误的风险。

　　二是智能化技术可以进行数据挖掘和分析，帮助发现潜在的数据质量问题。通过对财务数据的深入挖掘和分析，智能化系统能够揭示数据之间的关

联和规律，发现隐藏在数据中的异常模式和趋势。这有助于企业及时发现并解决数据质量问题，提高数据的质量和可靠性。

三是智能化技术可以提供数据质量监控和预警机制。通过实时监控财务数据的动态变化和质量状况，智能化系统能够及时发现数据质量的波动和异常，并发出预警信号。这有助于企业及时采取措施，防止数据质量问题的扩大和恶化。

然而智能化技术在财务数据质量控制中的应用也面临一些挑战和限制。智能化系统的设计和实施需要深入了解财务数据的特点和需求，以确保系统的有效性和适用性。这需要相关人员具备专业的财务知识和技术背景，对系统设计和开发人员提出了较高的要求。

智能化技术在处理复杂和多变的数据环境时可能存在一定的局限性。财务数据往往涉及多个部门和多个环节，具有复杂性和多样性。智能化系统需要不断学习和适应新的数据特点和变化，以应对不断变化的数据环境。这需要系统具备强大的学习能力和适应性，以及足够的数据支持。

智能化技术的应用还需要考虑数据安全和隐私保护的问题。在财务数据质量控制过程中，可能涉及敏感的商业机密和个人隐私信息。因此在应用智能化技术进行财务数据质量控制时，需要采取相应的安全措施和技术手段，确保数据的安全性和隐私性。

为了充分发挥智能化技术在财务数据质量控制中的作用，企业可以采取一系列措施。例如，加强智能化技术的研发和应用，推动技术与业务的深度融合。通过引入先进的智能化技术和工具，提升财务数据质量控制的自动化和智能化水平。加强数据治理和标准化建设，确保财务数据的准确性和一致性。通过建立完善的数据治理机制和标准化流程，规范数据的采集、存储、处理和使用过程，提高数据的质量和可靠性。

加强人才培养和团队建设也是关键。培养一支具备财务和技术背景的专业团队，提升团队在智能化技术应用和数据质量控制方面的能力和水平。加强与外部合作伙伴的合作与交流，借鉴先进的经验和做法，推动财务数据质量控制工作的不断创新和进步。

展望未来，随着技术的不断进步和应用场景的不断拓展，智能化技术在财务数据质量控制中的作用将更加凸显。通过持续创新和优化智能化系统的功能和性能，企业可以实现对财务数据质量的全面、精准控制，为企业的稳健发展提供有力保障。

综上可知，智能化技术在财务数据质量控制中发挥着重要作用。通过自动化审核、数据挖掘和分析以及数据质量监控等手段，智能化技术能够提升财务数据质量控制的效率和准确性，降低人为错误的风险。在应用过程中还需要注意技术挑战、数据安全等问题，并采取相应措施加以解决。随着技术的不断发展，智能化技术将在财务数据质量控制领域发挥更大的作用，为企业财务管理带来革命性的变革。

第二节　预测分析与智能化预测模型

预测分析作为财务管理的重要工具，能够帮助企业把握未来市场趋势，优化资源配置，制定合理的发展战略。然而传统的预测分析方法往往基于历史数据和经验判断，难以应对复杂多变的市场环境。智能化预测模型的出现为预测分析带来了革命性的变革，它运用先进的机器学习算法和大数据分析技术，构建出能够自我学习和不断优化的预测模型，提高了预测分析的准确性和可靠性。

智能化预测模型通过对海量数据的深度挖掘和分析，能够发现数据之间的潜在关联和规律，进而对未来趋势进行精准预测。同时，模型能够根据市场变化和企业实际情况，自动调整预测参数和方法，确保预测结果的实时性和有效性。智能化预测模型还具有高度的可扩展性和灵活性，能够适应不同行业和企业的特定需求，为企业量身定制个性化的预测解决方案。

在实践应用中，智能化预测模型已经取得显著成效。通过对销售数据、市场趋势、竞争态势等多维度信息的综合分析，企业能够准确预测未来的市场需求和产品走向，从而制定出更加精准的市场策略和产品规划。同时，智能化预测模型能够帮助企业识别潜在的风险和机遇，为企业的风险管理和投资决策提供有力支持。

　　然而，智能化预测模型的应用也面临一些挑战和限制。例如，数据的质量和完整性对预测结果的准确性具有重要影响；模型的训练和优化需要大量的计算资源和时间成本；模型的适用性和稳定性需要在实际应用中不断验证和调整。因此，企业在应用智能化预测模型时，需要充分考虑自身的实际情况和需求，选择合适的模型和方法，并加强数据管理和模型维护工作，以确保预测分析的有效性和可靠性。

一、智能化预测模型在不同财务场景下的应用

　　随着企业运营环境的日益复杂和多变，财务分析与预测的准确性对于企业的决策制定和战略规划具有至关重要的作用。智能化预测模型作为现代财务分析的重要工具，能够结合历史数据、市场趋势和公司业务特点，进行精准的预测分析，为企业的发展提供有力支持。

　　在不同财务场景下，智能化预测模型的应用呈现出多样化的特点。在收入预测方面，智能化预测模型能够根据历史销售数据、市场占有率和客户行为模式等因素，预测未来一段时间内的收入变化趋势。通过深入分析不同产品线、销售区域和客户群体对收入的贡献，模型能够为企业提供有针对性的销售策略和优化建议。

　　在成本预测方面，智能化预测模型能够综合考虑原材料成本、人工成本、运输费用等多种成本因素，结合市场供需变化和价格波动趋势，预测企业未来的成本水平。这有助于企业在成本控制方面做出更加科学合理的决策，提高盈利能力和市场竞争力。

　　在现金流预测方面，智能化预测模型能够基于企业的历史现金流数据、经营周期和资金运作情况等因素，预测未来的现金流状况。通过模拟不同经营场景下的现金流变化，模型能够帮助企业评估潜在的资金风险，制定有效的资金管理策略。

　　在财务风险预测方面，智能化预测模型也发挥着重要作用。通过构建风险预警指标体系，模型能够实时监控企业的财务状况，及时发现潜在的风险点。

这有助于企业提前采取风险应对措施，降低财务风险的发生概率和影响程度。

然而智能化预测模型在不同财务场景下的应用还面临着一些挑战。数据的质量和完整性对预测模型的准确性具有重要影响。如果数据存在缺失、错误或不一致等问题，将导致预测结果的偏差。因此在应用智能化预测模型时，需要确保所使用的数据经过严格的清洗和验证。

不同财务场景下的预测需求具有差异性，需要选择适合的预测模型和方法。不同的预测模型具有不同的特点和适用范围，需要根据具体场景进行选择和调整。同时，还需要考虑模型的复杂性和计算成本等因素，确保预测分析的效率和可行性。

智能化预测模型的应用还需要结合企业的实际情况和业务需求进行定制。不同企业具有不同的经营特点和市场环境，因此需要针对具体情况进行模型参数的调整和优化。这要求企业在应用智能化预测模型时，具备足够的业务知识和技术能力，以确保模型的有效性和适用性。

为了充分发挥智能化预测模型在不同财务场景下的应用效果，企业需要采取一系列措施。例如，加强数据管理和质量控制，确保预测分析所使用的数据准确可靠；积极引进和应用先进的智能化技术，不断提升预测模型的准确性和效率；加强人才培养和团队建设，提升企业在财务分析与预测方面的专业能力和水平。

未来，随着技术的不断进步和应用场景的不断拓展，智能化预测模型在财务分析与预测中的应用将更加广泛和深入。一方面，随着大数据、云计算等技术的发展，企业可以获取更加全面和丰富的数据资源，为预测分析提供更加坚实的基础。另一方面，随着人工智能、机器学习等领域的不断创新，预测模型的算法和性能将得到进一步提升，能够更好地适应复杂多变的财务环境。

智能化预测模型在不同财务场景下的应用具有重要的价值和意义。通过精准预测和分析财务数据，企业可以更好地把握市场趋势和业务发展状况，制定更加科学合理的决策和战略规划。在应用过程中需要注意数据质量、模型选择和技术应用等方面的问题，以确保预测分析的有效性和准确性。随着技术的不断进步和应用场景的拓展，智能化预测模型将在未来发挥更加重要的作用，为企业的财务管理和决策提供有力支持。

二、智能化预测模型的风险评估与管理

智能化预测模型在财务分析与预测中的应用带来显著优势的同时，也伴随着一定的风险。由于模型本身的复杂性、数据的不确定性以及市场环境的快速变化，预测结果可能存在一定的偏差或不确定性，因此对智能化预测模型进行风险评估与管理显得尤为重要。

风险评估是智能化预测模型应用中不可或缺的一环。它主要对模型可能面临的各类风险进行识别、分析和量化。在智能化预测模型的风险评估中，需要关注模型本身的稳定性、数据的质量与可靠性以及市场环境的变化等多个方面。通过综合运用统计学、机器学习和数据挖掘等技术手段，可以对模型的风险进行量化评估，从而为决策提供科学依据。

除风险评估外，智能化预测模型的风险管理同样重要。风险管理旨在通过一系列措施来降低或控制模型风险的发生概率和影响程度。在智能化预测模型的风险管理中，可以采取多种策略，如优化模型算法、提升数据质量、加强市场监测等。通过不断优化和完善预测模型，可以提高其准确性和稳定性，从而降低发生风险的概率。

在智能化预测模型的风险管理中，还需要注重模型的更新与调整。随着市场环境的不断变化和业务需求的不断升级，预测模型可能需要进行相应的调整和优化。因此企业需要建立一套完善的模型更新机制，定期对模型进行审查和更新，以确保其能够适应新的市场环境和业务需求。

智能化预测模型的风险管理还需要加强与其他财务工具的协同配合。例如，可以将智能化预测模型与财务预警系统相结合，通过实时监测财务数据的变化情况，及时发现潜在的风险点并采取相应的应对措施。同时，还可以将智能化预测模型与财务决策支持系统相结合，为企业的决策提供全面的数据支持和风险分析。

智能化预测模型的风险评估与管理也面临一些挑战。数据的质量和完整

性对风险评估的准确性具有重要影响。如果数据存在缺失、错误或不一致等问题，将可能导致风险评估结果的偏差。因此企业需要加强对数据的管理和质量控制，确保数据的准确性和可靠性。

智能化预测模型的复杂性和不确定性也给风险管理带来了挑战。由于模型本身可能存在一定的局限性和不确定性，其预测结果可能受多种因素的影响而产生波动。因此在风险管理过程中，企业需要充分考虑模型的局限性和不确定性，采取多种措施来降低风险发生的概率和影响程度。

为了应对这些挑战，企业可以采取一系列措施来加强智能化预测模型的风险评估与管理。例如，加强对模型算法的研究和优化，提高模型的稳定性和准确性；加强数据管理和质量控制，确保数据的准确性和可靠性；加强与业务部门的沟通与协作，深入理解业务需求和市场环境，为模型的应用提供更加有力的支持。

在未来，随着技术的不断进步和应用场景的不断拓展，智能化预测模型的风险评估与管理将变得更加重要和复杂。企业需要不断关注新技术和新方法的发展动态，积极引进和应用先进的技术手段来加强模型的风险评估与管理。同时加强人才培养和团队建设，提升企业在财务分析与预测方面的专业能力和水平。

智能化预测模型的风险评估与管理是确保模型应用效果的关键环节。通过科学的风险评估和管理措施，企业可以降低模型风险发生的概率和影响程度，提高预测分析的准确性和可靠性。未来随着技术的不断发展和应用场景的不断拓展，智能化预测模型的风险评估与管理将面临更多新的挑战和机遇，企业需要持续加强相关研究和实践工作以应对这些挑战并抓住机遇。

第三节　智能化技术对财务指标预测的精准性影响

财务指标预测是企业财务管理中不可或缺的一环，它能够帮助企业把握未来的财务状况和经营成果，为企业决策提供重要的参考依据。然而传统的财务指标预测方法往往受多种因素的制约，如数据获取的限制、模型假设的合理性等，导致预测结果的精准性有限。随着智能化技术的快速发展，其在财务指标预测中的应用逐渐展现出显著的优势，对预测结果的精准性产生了积极的影响。

智能化技术通过运用大数据、机器学习等先进技术，实现了对海量财务数据的深度挖掘和分析。这使得企业能够获取更为全面、细致的数据信息，进而提高了财务指标预测的数据基础质量。同时，智能化技术能够自动处理和分析数据，减少了人为因素的干扰，提高了预测过程的客观性和准确性。

智能化技术能够构建更为复杂和精细的预测模型。这些模型能够充分考虑各种影响因素，包括市场环境、行业竞争、企业内部管理等，从而更加准确地预测未来的财务指标。通过不断优化模型参数和结构，智能化技术能够不断提高预测模型的性能，进一步提升预测结果的精准性。

在实际应用中，智能化技术对财务指标预测的精准性影响已经得到了广泛的验证。许多企业利用智能化技术进行财务指标预测，不仅提高了预测结果的准确性，还降低了预测误差率。这使得企业能够更好地把握未来的财务状况和经营趋势，为决策提供了更为可靠的支持。

然而需要注意的是，智能化技术并非万能的。在应用智能化技术进行财务指标预测时，仍需充分考虑数据质量、模型适用性等因素。企业需要加强对智能化技术的管理和维护，确保其正常运行和持续更新。只有这样，才能充分发挥智能化技术在财务指标预测中的优势，为企业带来更大的价值。

一、智能化技术对财务指标预测精准性的提升

随着信息化和数字化时代的到来，智能化技术在财务分析与预测领域的应用越发广泛，其对财务指标预测精准性的提升作用日益显著。智能化技术通过深度挖掘数据、构建预测模型和优化算法等方式，提高了财务指标预测的准确性和可靠性，为企业决策提供了有力支持。

在数据挖掘方面，智能化技术能够实现对海量财务数据的快速处理和分析。通过利用大数据技术，智能化系统可以收集、整合并筛选来自不同渠道和维度的财务数据，包括历史交易记录、市场趋势、竞争对手情况等。这些

丰富的数据源为财务指标预测提供了坚实的基础，使得预测结果更加贴近实际情况。

预测模型的构建是智能化技术提升财务指标预测精准性的关键环节。智能化技术可以基于机器学习和深度学习算法，构建出适用于不同财务指标预测的模型。这些模型能够自动学习历史数据中的规律和模式，并根据新的数据输入进行实时更新和调整。通过不断优化模型参数和结构，智能化技术可以提高预测模型的拟合度和泛化能力，从而提高预测结果的精准性。

算法优化也是智能化技术提升财务指标预测精准性的重要手段。智能化技术可以通过对算法进行改进和优化，提高预测的稳定性和准确性。例如，通过引入集成学习、迁移学习等先进算法，可以进一步提升预测模型的性能；通过采用自适应学习率、正则化等技术手段，可以有效防止模型过拟合和欠拟合问题，提高预测结果的可靠性。

智能化技术还可以通过与其他技术的融合应用，进一步提升财务指标预测的精准性。例如，将智能化技术与人工智能技术相结合，可以实现财务指标的自动化分析和预测；将智能化技术与云计算技术相结合，可以实现财务数据的实时处理和存储，提高预测的时效性。这些技术的融合应用为财务指标预测提供了更加全面和高效的支持。

值得注意的是，虽然智能化技术能够显著提升财务指标预测的精准性，但其应用也面临一定的挑战和限制。数据的质量和可靠性是影响预测结果的关键因素。如果输入数据存在误差或不完整，将可能导致预测模型的性能下降。因此在应用智能化技术进行财务指标预测时，需要确保所使用的数据经过严格的清洗和验证。

预测模型的选择和调整是一项复杂而重要的任务，不同的财务指标可能具有不同的特点和变化规律，因此需要选择适合的预测模型进行建模。同时，随着市场环境的变化和业务需求的调整，预测模型需要进行相应的更新和优化。这要求企业具备足够的技术能力和专业知识，以便对模型进行有效的管理和维护。

智能化技术的应用还需要考虑其成本和效益的平衡。虽然智能化技术可以提高财务指标预测的精准性，但其建设和维护成本也可能相对较高。因此在应用智能化技术时，需要综合考虑其带来的效益和成本投入之间的关系，确保技术的合理应用。

未来，随着技术的不断进步和应用场景的不断拓展，智能化技术在财务指标预测中的应用将更加广泛和深入。一方面，随着大数据、云计算等技术的不断发展，智能化系统将能够处理更大规模、更复杂的数据集，进一步提高预测的精准性；另一方面，随着人工智能、机器学习等领域的不断创新，预测模型的算法和性能将得到进一步提升，能够更好地适应各种财务指标预测的需求。

智能化技术对财务指标预测精准性的提升具有显著的作用。通过数据挖掘、预测模型构建和算法优化等手段，智能化技术能够实现对财务指标的高效、准确预测，在应用过程中也需要注意数据质量、模型选择和成本效益等问题。随着技术的不断进步和应用场景的拓展，相信智能化技术将在财务指标预测领域发挥更加重要的作用，为企业决策提供更加精准和可靠的支持。

二、智能化技术在多维度财务指标分析中的应用

多维度财务指标分析是企业财务分析的重要组成部分，它能够帮助企业全面了解自身的财务状况和经营成果。而智能化技术的应用则为多维度财务指标分析提供了更加高效、准确和细致的分析方法。

智能化技术通过自动化处理大量财务数据，实现了对多维度财务指标的快速分析。这种技术利用高级算法和数据挖掘方法，从海量的财务数据中提取有用的信息，进而生成各种财务指标，如盈利能力、偿债能力、运营效率等。通过这些指标，企业可以迅速了解自身的财务状况，发现潜在的问题和机会。

除了提供快速的多维度财务指标分析，智能化技术还能够进行趋势分析和预测。基于历史数据和先进的预测模型，智能化技术可以帮助企业预测未来的财务趋势，从而指导企业做出更明智的决策。这种预测能力使企业能够

提前做好准备，应对可能的市场变化和风险。

智能化技术可以辅助企业进行财务对比分析。通过对比不同时间段、不同业务单元或不同竞争对手的财务数据，企业可以深入了解自身的竞争优势和劣势。这种对比分析有助于企业发现自身的不足之处，进而制定改进措施和优化策略。

智能化技术还可以应用于财务风险管理。通过对多维度财务指标进行综合分析，企业可以及时发现潜在的财务风险，如流动性风险、信用风险等。这种风险管理能力有助于企业及时采取措施，降低财务风险的发生概率和影响程度。

然而智能化技术在多维度财务指标分析中的应用面临一些挑战。数据的质量和完整性对分析结果具有重要影响。如果数据存在缺失或错误，将可能导致分析结果的偏差。因此在应用智能化技术进行多维度财务指标分析时，需要确保数据的准确性和完整性。

智能化技术的选择和应用也需要根据企业的实际情况进行定制。不同的企业具有不同的财务特点和需求，因此需要选择适合的智能化技术进行分析。同时，随着市场环境的变化和业务的发展，智能化技术需要进行相应的调整和优化。

为了充分发挥智能化技术在多维度财务指标分析中的优势，企业需要采取一系列措施。例如，加强数据管理和质量控制，确保数据的准确性和完整性。加强与智能化技术提供商的合作与交流，及时了解并掌握最新的技术和方法。同时，加强内部培训和人才培养，提高企业在多维度财务指标分析方面的专业能力和水平。

总之，智能化技术在多维度财务指标分析中的应用具有广阔的前景和潜力。通过高效、准确和细致的分析方法，智能化技术可以帮助企业全面了解自身的财务状况和经营成果，发现潜在的问题和机会，指导企业做出更明智的决策。然而在应用过程中也需要注意数据质量、技术选择和应用定制等问题。随着技术的不断进步和应用场景的不断拓展，相信智能化技术将在多维度财务指标分析领域中发挥更加重要的作用。

为了满足多维度财务指标分析的深入需求，智能化技术进一步提供了数据可视化的功能。通过图表、图像等直观展示方式，复杂的财务数据被转化成易于理解的视觉信息，使得分析者能够更快速地捕捉数据间的关联与趋势。这不仅提升了分析的效率，还增强了决策者对数据背后故事的理解，从而能够做出更为精准的决策。

同时，智能化技术也在不断推动动态财务指标监控的发展。通过实时监控关键财务指标的变化，企业能够及时响应市场波动和业务变化，确保财务状况始终保持在健康水平。这种动态监控能力，结合智能化技术的预测功能，为企业构建了一个全面的财务风险防范体系。

在未来的发展中，智能化技术有望与更多的财务管理工具和方法相结合，共同推动企业财务分析领域的创新与进步。随着技术的不断演进，有理由相信，智能化技术将成为企业财务分析中不可或缺的重要力量，助力企业在激烈的市场竞争中保持领先地位。

三、智能化技术与财务指标预测模型的深度融合

随着科技的不断进步和大数据时代的来临，智能化技术在财务管理领域的应用逐渐崭露头角。智能化技术不仅能够提高数据处理的效率和准确性，还能通过深度学习算法和复杂的模型运算，挖掘数据背后的潜在规律，为财务指标预测提供更为精准和可靠的依据。

财务指标预测作为财务管理的重要组成部分，对于企业的战略规划和决策制定具有重要意义。然而传统的财务指标预测方法往往受人为因素和有限数据的限制，难以达到理想的预测效果。因此将智能化技术与财务指标预测模型进行深度融合，成为财务管理领域的重要研究方向。

在理论探索方面，智能化技术与财务指标预测模型的融合是涉及多个学科领域的交叉融合。需要深入研究智能化技术的原理和应用范围，包括大数据挖掘、机器学习、深度学习等方面的技术和方法。同时需要对财务指标预测的理论和方法进行深入剖析，了解预测模型的构建和优化过程。在此基础上，可以将智能化技术应用于财务指标预测模型的构建和优化中，通过算法

优化和模型调整，提高预测模型的准确性和稳定性。

在实践应用方面，智能化技术与财务指标预测模型的融合已经取得了一些初步的成果。一些先进的企业已经开始尝试将智能化技术应用于财务指标预测中，通过构建智能化的预测模型，实现对未来财务状况的精准预测。这些实践案例不仅验证了智能化技术在财务指标预测中的有效性，也为其他企业提供了有益的参考和借鉴。

然而智能化技术与财务指标预测模型的融合仍然面临一些挑战和问题。例如，数据质量和数量对于预测模型的准确性具有重要影响，而现实中往往存在数据缺失、数据噪声等问题。智能化技术的应用也需要考虑计算资源和成本等因素的局限性。因此在未来的研究中，需要继续探索如何更好地解决这些问题，提高智能化技术在财务指标预测中的应用效果。

总的来说，智能化技术与财务指标预测模型的深度融合是财务管理领域的重要发展趋势。通过理论探索和实践应用，可以不断推动智能化技术在财务指标预测中的应用和发展，为企业提供更为精准和可靠的预测结果，助力企业的战略规划和决策制定。

同时应该意识到，智能化技术并非万能的解决方案。在财务指标预测中，仍然需要考虑企业的实际情况、市场环境以及各种风险因素的综合影响。因此智能化技术的应用应当结合具体情境，作为辅助工具而非替代方案。

随着技术的不断进步和市场的不断变化，智能化技术与财务指标预测模型的融合也将面临新的挑战和机遇。需要持续关注技术的发展动态，不断更新和优化预测模型，以适应新的市场需求和业务场景。

在推进智能化技术与财务指标预测模型融合的过程中，还需要注重人才培养和团队建设。培养具备跨学科知识和实践经验的专业人才，建立高效协作的团队，是推动智能化技术在财务管理领域应用的关键。

智能化技术与财务指标预测模型的融合将为企业财务管理带来更加广阔的发展空间。通过深入挖掘数据价值、优化预测模型、提升预测精度，将能够更好地把握市场动态、降低风险、提高决策效率，为企业创造更大的价值。智能化技术与财务指标预测模型的深度融合是财务管理领域的重要课题。需要不断探索和实践，以推动智能化技术在财务指标预测中的应用和发展，为企业财务管理注入新的活力和动力。

第四节　智能化系统在财务风险评估与管理中的作用

　　财务风险评估与管理是企业稳健运营的关键环节，它涉及企业资金安全、经营稳定以及可持续发展等多个方面。随着市场环境的不断变化和竞争的加剧，企业面临的财务风险也日益复杂和多样化。智能化系统的应用为财务风险评估与管理提供了新的解决方案，能够帮助企业更加全面、准确地识别、评估和管理财务风险。

　　智能化系统通过运用大数据、人工智能等技术手段，实现了对财务风险的实时监测和预警。系统能够自动收集和分析企业内外的各种信息，包括财务数据、市场动态、政策法规等，及时发现潜在的财务风险因素。同时，系统能够根据预设的规则和模型，对财务风险进行自动评估，为企业提供风险等级和可能影响的预测。

　　在财务风险管理方面，智能化系统能够提供个性化的风险管理方案。根据企业的实际情况和需求，系统能够为企业量身定制风险管理策略，包括风险规避、风险转移、风险控制等。系统还能够提供风险应对的决策支持，帮助企业在面临风险时做出科学、合理的决策。

　　智能化系统还能够优化财务风险管理流程，提高管理效率。通过自动化和智能化的处理，系统能够减少人工操作，降低人为错误的风险。同时，系统还能够实现财务风险的实时监控和动态调整，确保风险管理工作的及时性和有效性。

　　然而，智能化系统在财务风险评估与管理中的应用也面临一些挑战。如何确保数据的准确性和完整性、如何选择合适的智能化分析工具、如何构建有效的风险管理模型等问题都需要企业进行深入研究和探索。智能化系统也需要不断更新和升级，以适应不断变化的市场环境和企业需求。

　　智能化系统在财务风险评估与管理中发挥着越来越重要的作用。通过应用智能化系统，企业可以更加全面、准确地识别、评估和管理财务风险，提高财务管理的效率和水平，为企业的稳健运营和可持续发展提供有力保障。

一、智能化系统在财务风险识别中的应用

在复杂的财务环境中，有效识别财务风险是企业稳健经营的关键环节。智能化系统以其高效的数据处理能力和精准的算法模型，在财务风险识别中发挥着越来越重要的作用。智能化系统通过集成大数据和机器学习技术，能够实现对海量财务数据的深度挖掘和分析。系统可以自动收集、整理来自不同渠道的财务数据，包括财务报表、交易记录、市场数据等，形成全面的数据基础。在此基础上，系统运用先进的算法对数据进行清洗、分类和聚类，从而揭示潜在的财务风险因素。

在财务风险识别过程中，智能化系统注重运用多元化的识别指标和方法。系统不仅关注传统的财务指标，如流动比率、资产负债率等，还引入了市场敏感度、信用评级等非财务指标，以构建多维度的风险识别体系。同时，系统采用时间序列分析、关联规则挖掘等技术，识别出风险因素之间的关联性和变化趋势，为风险预警和应对提供有力支持。

智能化系统还具备实时动态监测的能力。通过实时监测企业的财务数据和市场动态，系统能够及时发现异常情况和潜在风险，并向企业发出预警信号。这种实时性使得企业能够在风险发生之前或初期就采取措施进行干预，避免风险扩大和损失加剧。

智能化系统在财务风险识别中还具有自我学习和优化的能力。通过不断的学习和训练，系统能够自动调整和优化风险识别模型和算法，提高识别的准确性和效率。这种自适应性和智能性使得智能化系统能够应对复杂多变的财务环境，为企业提供更可靠的风险识别服务。

然而，智能化系统在财务风险识别中的应用也面临一些挑战和限制。数据的质量和完整性对风险识别的准确性具有重要影响。如果输入数据存在误差或缺失，将可能导致识别结果的偏差。因此在应用智能化系统进行财务风险识别时，需要确保所使用的数据经过严格的清洗和验证。

智能化系统的风险识别模型需要不断地进行更新和优化。随着市场环境的变化和业务的发展，财务风险的特征和表现形式也可能发生变化。因此企业需要定期对风险识别模型进行审查和更新，以确保其适应性和有效性。

智能化系统虽然能够提供高效的风险识别服务，但并不能完全替代人工的判断和经验。在风险识别过程中，仍需要财务人员的专业知识和经验进行辅助判断和分析。因此在应用智能化系统时，企业需要注重人机结合，充分发挥智能化系统和财务人员的各自优势。

综上所述，智能化系统在财务风险识别中发挥着重要作用。通过深度挖掘和分析财务数据，运用多元化的识别指标和方法，以及实时动态监测和自我学习优化等功能，智能化系统能够帮助企业及时发现潜在的财务风险，为企业稳健经营提供有力支持。然而在应用过程中也需要注意数据质量、模型更新和人机结合等问题，以确保智能化系统的有效性和可靠性。

未来，随着技术的不断进步和应用场景的不断拓展，智能化系统在财务风险识别中的作用将更加突出。一方面，随着大数据、云计算等技术的不断发展，智能化系统将能够处理更大规模、更复杂的数据集，提高风险识别的准确性和效率；另一方面，随着人工智能、机器学习等领域的不断创新，风险识别模型和算法的性能将得到进一步提升，能够更好地适应复杂多变的财务环境。

因此企业应积极关注智能化技术的发展动态，加强技术引进和人才培养，推动智能化系统在财务风险识别中的深入应用。同时，企业应注重风险管理的全面性和系统性，将智能化系统与其他风险管理工具和方法相结合，构建完善的风险管理体系，确保企业的稳健发展。

二、智能化系统在财务风险评估模型构建中的作用

在财务风险管理的实践中，风险评估模型的构建是一项至关重要的任务。随着智能化系统的不断发展，其在财务风险评估模型构建中的应用日益凸显，为企业的风险管理工作带来了革命性的变革。

智能化系统以其强大的数据处理和分析能力，为财务风险评估模型的构

建提供了强有力的支撑。传统的财务风险评估模型往往基于有限的样本数据和简单的统计方法，难以全面、准确地反映企业的财务风险状况。而智能化系统则能够通过机器学习、深度学习等算法，对海量数据进行深度挖掘和分析，提取出更多有价值的信息，从而构建出更为精确、全面的财务风险评估模型。

在财务风险评估模型构建过程中，智能化系统能够自动识别和筛选关键风险因子。通过对历史数据的分析和学习，智能化系统能够发现影响财务风险的关键因素，如市场环境、企业运营状况、财务状况等，并将其纳入评估模型。同时，系统还能够根据数据的动态变化，自动调整风险因子的权重和阈值，使评估模型更加符合实际情况。

智能化系统还能够实现财务风险评估模型的动态优化和更新。传统的评估模型往往需要人工进行定期的调整和更新，以适应市场环境的变化和企业的发展需求。而智能化系统能够通过实时监测和分析数据，自动发现评估模型中存在的问题和不足，并对其进行优化和改进。这种动态优化的能力使得财务风险评估模型能够更好地适应复杂多变的市场环境，为企业提供更准确、及时的风险评估结果。

智能化系统还在财务风险评估模型的预测能力上发挥了重要作用。通过引入时间序列分析、预测算法等技术手段，智能化系统能够对未来的财务风险进行预测和预警。这为企业提前制定风险防范措施、调整经营策略提供了有力支持，有助于企业降低财务风险的发生概率和影响程度。

然而，智能化系统在财务风险评估模型构建中的应用也面临一些挑战和限制。一是，数据的质量和完整性仍然是影响评估模型准确性的关键因素。如果输入数据存在误差或缺失，将可能导致评估结果的偏差。因此在应用智能化系统构建财务风险评估模型时，需要确保所使用的数据经过严格的清洗和验证。

二是，智能化系统的选择和应用需要根据企业的实际情况进行定制。不同的企业具有不同的财务特点和风险状况，因此需要选择适合的智能化系统和算法进行模型构建。同时，随着市场环境的变化和企业的发展需求，财务风险评估模型需要进行不断的调整和优化。

三是，智能化系统虽然能够提高财务风险评估的准确性和效率，但并不能完全替代人工的决策和判断。在构建财务风险评估模型时，仍需要财务人员的专业知识和经验进行指导和辅助。因此在应用智能化系统时，企业需要注重人机结合，充分发挥智能化系统和财务人员的各自优势。

综上所述，智能化系统在财务风险评估模型构建中发挥着重要作用。通过自动识别和筛选关键风险因子、实现模型的动态优化和更新以及提高预测能力等功能，智能化系统能够帮助企业构建出更为精确、全面的财务风险评估模型。然而在应用过程中也需要注意数据质量、技术选择和人机结合等问题，以确保评估模型的准确性和可靠性。

未来，随着智能化系统的不断发展和完善，其在财务风险评估模型构建中的应用将更加广泛和深入。通过不断引入新的算法和技术手段，智能化系统将能够更好地适应复杂多变的财务环境，为企业提供更加精准、高效的风险评估服务。同时，随着企业对风险管理重视程度的不断提高，财务风险评估模型构建将成为企业财务管理工作中的重要一环。因此企业应积极关注智能化系统的发展动态，加强技术引进和人才培养，推动智能化系统在财务风险评估模型构建中的深入应用。

三、智能化系统在财务风险预警机制中的应用

在风险管理的实践中，财务风险预警机制是防范和应对潜在风险的关键环节。智能化系统以其强大的数据处理、分析和预测能力，为财务风险预警机制的构建和完善提供了有力的支持。

智能化系统通过集成先进的数据挖掘和机器学习技术，能够对企业的财务数据进行深度分析和挖掘，自动识别出潜在的财务风险因素。系统能够实时监测财务数据的动态变化，一旦发现异常或偏离正常模式的情况，便能迅速触发预警机制，为企业及时应对风险提供信息支持。

在财务风险预警机制中，智能化系统发挥着多重作用。系统通过构建风险预警模型，能够对企业面临的各类财务风险进行定量评估。这些模型基于

大量的历史数据和先进的算法，能够准确预测风险发生的概率和影响程度，为企业制定风险应对策略提供科学依据。

智能化系统能够实现风险预警的实时性和动态性。传统的财务风险预警往往依赖于定期报告的编制和分析，难以做到实时响应。而智能化系统则能够实时收集和处理财务数据，及时发现潜在风险并发出预警信号，确保企业能够在风险发生初期就采取有效措施进行干预。

智能化系统还具有自适应性和自我学习能力。随着市场环境的变化和企业业务的发展，财务风险的特征和表现形式也可能发生变化。智能化系统能够不断学习新的风险特征和规律，自动调整和优化预警模型，以适应不断变化的风险环境。

智能化系统在财务风险预警机制中的应用不仅提高了预警的准确性和时效性，还有助于企业实现风险管理的全面性和系统性。通过整合企业内外的各类数据资源，系统能够为企业提供全方位的风险信息，帮助企业从多个角度审视和评估风险。同时，系统能够与其他风险管理工具和方法相结合，形成完整的风险管理体系，提升企业的整体风险管理水平。

然而智能化系统在财务风险预警机制中的应用也面临一些挑战和限制。数据的质量和完整性仍然是影响预警效果的关键因素。如果输入数据存在误差或缺失，将可能导致预警结果的偏差。因此在应用智能化系统进行财务风险预警时，需要确保所使用的数据经过严格的清洗和验证。

智能化系统的预警模型需要定期进行验证和更新。随着市场环境的变化和业务的发展，财务风险的特征和表现形式也可能发生变化。因此企业需要定期对预警模型进行审查和更新，以确保其适应性和有效性。

智能化系统虽然能够提供高效的预警服务，但并不能完全替代人工的判断和经验。在预警过程中，仍需要财务人员的专业知识和经验进行辅助分析和判断。因此在应用智能化系统时，企业需要注重人机结合，充分发挥智能化系统和财务人员的各自优势。

未来，随着技术的不断进步和应用场景的不断拓展，智能化系统在财务风险预警机制中的作用将更加突出。一方面，随着大数据、云计算等技术的不断发展，智能化系统将能够处理更大规模、更复杂的数据集，提高预警的准确性和效率；另一方面，随着人工智能、机器学习等领域的不断创新，预警模型和算法的性能将得到进一步提升，能够更好地适应复杂多变的财务环境。

因此企业应积极关注智能化技术的发展动态，加强技术引进和人才培养，推动智能化系统在财务风险预警机制中的深入应用。同时，企业还应注重风险管理的全面性和系统性，将智能化系统与其他风险管理工具和方法相结合，构建完善的风险管理体系，确保企业的稳健发展。

综上所述，智能化系统在财务风险预警机制中发挥着重要作用。通过深度分析财务数据、构建风险预警模型、实现实时动态预警以及具备自适应性和自我学习能力等功能，智能化系统能够帮助企业及时发现并应对潜在财务风险。然而在应用过程中也需要注意数据质量、模型验证和人机结合等问题，以确保预警机制的准确性和可靠性。随着技术的不断进步和应用场景的不断拓展，智能化系统在财务风险预警机制中的作用将更加突出，为企业稳健经营提供有力支持。

四、智能化系统在财务风险管理决策支持中的作用

在财务管理实践中，风险管理决策是企业稳健经营的关键环节。智能化系统以其卓越的数据处理、分析和预测能力，为财务风险管理决策提供了强有力的支持，使得决策过程更加科学、精准和高效。

智能化系统通过深度挖掘和分析财务数据，为风险管理决策提供了丰富的信息支撑。借助先进的算法和模型，智能化系统能够自动筛选和整理关键信息，揭示数据背后的规律和趋势，为决策者提供全面的风险视图。这不仅有助于企业识别潜在风险，还能帮助企业把握市场机遇，优化资源配置。

智能化系统还能通过模拟和预测功能，为风险管理决策提供前瞻性指导。通过构建复杂的财务模型和预测算法，智能化系统能够模拟不同决策方案下的风险变化情况，预测未来的风险趋势和可能结果。这使得决策者能够在制定决策时充分考虑各种风险因素，避免盲目决策和不必要的损失。

　　智能化系统还具有优化决策流程和提高决策效率的能力。传统的风险管理决策往往依赖于烦琐的手工计算和人工分析，耗时耗力且容易出错。而智能化系统能够自动化处理大量数据，快速生成决策报告和建议，大大简化了决策流程。同时，智能化系统能根据实时数据动态调整决策方案，确保决策始终与实际情况保持一致。

　　尽管智能化系统在财务风险管理决策支持中发挥了重要作用，但其应用仍面临一些挑战和限制。智能化系统的准确性和可靠性高度依赖于输入数据的质量和完整性。如果数据存在误差或缺失，将可能导致决策结果的偏差。因此在应用智能化系统进行风险管理决策时，需要确保所使用的数据经过严格的清洗和验证。

　　智能化系统的选择和应用需要根据企业的具体情况和需求进行定制。不同的企业具有不同的业务特点和风险状况，因此需要选择适合的智能化系统和算法进行决策支持。同时，随着市场环境的变化和企业的发展需求，智能化系统需要不断进行更新和优化。

　　智能化系统虽然能够提供强大的决策支持功能，但并不能完全替代人的判断和决策。在风险管理决策过程中，仍需要财务人员的专业知识和经验进行指导和辅助。因此在应用智能化系统时，企业需要注重人机结合，充分发挥智能化系统和财务人员的各自优势。

　　未来，随着智能化系统的不断发展和完善，其在财务风险管理决策支持中的应用将更加广泛和深入。一方面，随着大数据、云计算等技术的不断发展，智能化系统将能够处理更大规模、更复杂的数据集，提供更加全面和深入的决策支持；另一方面，随着人工智能、机器学习等领域的不断创新，智能化系统的预测和优化能力将得到进一步提升，能够更好地应对复杂多变的财务风险环境。

　　因此企业应积极关注智能化系统的发展动态，加强技术引进和人才培养，推动智能化系统在财务风险管理决策支持中的深入应用。同时，企业还应加强内部管理和流程优化，确保智能化系统与企业的实际需求相结合，实现决策的科学化和高效化。

综上所述，智能化系统在财务风险管理决策支持中发挥着重要作用。通过深度挖掘和分析财务数据、提供前瞻性指导、优化决策流程和提高决策效率等功能，智能化系统有助于企业制定更加科学、精准和高效的风险管理决策。然而在应用过程中也需要注意数据质量、技术选择和人机结合等问题，以确保决策支持的准确性和可靠性。随着技术的不断进步和应用场景的不断拓展，智能化系统在财务风险管理决策支持中的作用将更加突出，为企业稳健经营提供有力保障。

第四章　智能化技术在财务决策中的应用

财务决策作为企业管理活动的核心，其准确性和效率直接关系企业的经济效益和未来发展。智能化技术的应用，不仅为财务决策提供了更为精准和高效的数据支持，还通过优化决策模型和流程，提高了决策的质量和效率。

智能化技术通过构建数据驱动的财务决策模型，实现了对海量数据的快速处理和分析。传统财务决策往往依赖于有限的数据和人工经验，难以全面把握市场动态和企业经营情况。而智能化技术通过机器学习、数据挖掘等技术手段，能够深入挖掘数据背后的规律和趋势，为财务决策提供更为全面和深入的信息支持。智能化技术对财务规划与预算的影响也不容忽视。通过智能化技术，企业可以更加精准地预测未来的市场变化和经营情况，从而制定出更为合理的财务规划和预算方案。同时，智能化技术能实时监控预算执行情况，帮助企业及时发现和解决问题，确保财务规划和预算的有效实施。智能化技术对融资决策、投资决策、成本管理及内部运营决策等方面也产生了深远的影响。在融资决策中，智能化技术能够帮助企业评估不同融资方案的风险和收益，选择最优的融资方式；在投资决策中，智能化技术能够通过对市场环境和项目风险的综合分析，提高投资决策的准确性和成功率；在成本管理及内部运营决策中，智能化技术能够通过优化资源配置和降低运营成本，提高企业的经济效益和市场竞争力。此外，智能化技术对财务风险管理的优化也具有重要意义。通过智能化技术，企业可以建立更加完善的财务风险预警和控制系统，及时发现和应对潜在的风险因素，确保企业财务的稳健运行。

智能化技术在财务决策中的应用具有广阔的前景和巨大的潜力。未来，随着技术的不断进步和应用场景的不断拓展，智能化技术将在财务决策中发挥更加重要的作用。因此企业需要加强对智能化技术的研究和应用，不断提升财务决策的科学性和有效性，为企业的可持续发展提供有力的支持。

第一节　数据驱动的财务决策模型

在数字化浪潮的推动下，智能化技术正逐渐成为财务决策的重要工具。通过运用大数据、人工智能等先进技术，企业能够更精准地把握市场动态，优化资源配置，提升财务决策的质量和效率。

智能化技术不仅改变了财务决策的传统模式，还为企业带来了全新的决策视角和方法。通过智能化技术，企业能够实现对海量数据的快速处理和分析，从中提取有价值的信息，为财务决策提供有力支持。同时，智能化技术能够帮助企业建立更加科学、合理的决策模型，提高决策的准确性和可靠性。

然而智能化技术在财务决策中的应用也面临一些挑战和问题。如何确保数据的质量和安全性、如何选择合适的智能化技术、如何充分发挥智能化技术的优势等，都是企业在应用过程中需要思考和解决的问题。

因此深入研究和探讨智能化技术在财务决策中的应用具有重要的现实意义和实践价值。这不仅有助于企业更好地应对市场变化和挑战，还能为企业的稳健发展提供有力保障。

一、数据驱动模型与财务决策效率的关系

在数字化时代，数据已经成为驱动财务决策的关键因素。数据驱动模型作为一种以数据为核心、以算法为驱动的决策工具，正逐渐成为企业提升财务决策效率的重要途径。

数据驱动模型通过高效处理和分析海量数据，为财务决策提供了全面的信息支撑。传统的财务决策往往依赖于有限的数据和主观的经验判断，导致决策结果存在较大的不确定性和风险。而数据驱动模型则能够自动收集、整理和分析各类财务数据和市场信息，挖掘数据背后的规律和趋势，为决策者提供全面、客观的信息支持。这不仅有助于减少主观因素的影响，还能提高决策的准确性和可靠性。

数据驱动模型通过优化决策流程，提高了财务决策的效率。传统的财务决策流程往往烦琐复杂，涉及多个环节和多个部门，导致决策周期长、响应速度慢；而数据驱动模型则能够自动化处理和分析数据，快速生成决策报告和建议，大大简化了决策流程。同时，模型能根据实时数据动态调整决策方案，确保决策始终与实际情况保持一致。这不仅提高了决策效率，还增强了企业的市场响应能力和竞争力。

数据驱动模型还能帮助企业发现潜在的市场机会和风险。通过对市场数据的深度挖掘和分析，模型能够揭示市场的变化趋势和竞争格局，为企业制定针对性的市场策略提供有力支持。同时，模型还能实时监测潜在风险，及时发出预警信号，帮助企业提前应对风险挑战。

要充分发挥数据驱动模型在财务决策中的优势，需要注意以下几点。第一，要确保数据的准确性和完整性。数据是模型的基础，如果数据存在误差或缺失，将直接影响模型的准确性和可靠性，因此企业需要建立完善的数据采集、清洗和验证机制，确保数据的质量。第二，要选择适合企业的数据驱动模型。不同的企业具有不同的业务特点和决策需求，因此需要选择适合的模型进行应用。第三，随着市场环境的变化和企业的发展需求，模型也需要不断进行优化和更新。第四，要注重人机结合。虽然数据驱动模型能够提供强大的决策支持功能，但并不能完全替代人的判断和决策，因此在应用模型时，需要充分发挥人的主观能动性和专业知识，实现人机协同决策。

未来，随着大数据、人工智能等技术的不断发展，数据驱动模型在财务决策中的应用将更加广泛和深入。一方面，随着数据规模和种类的不断增加，模型将能够处理更加复杂和精细的数据，提高决策的精准度；另一方面，随着算法的不断优化和创新，模型将能够更好地适应市场变化和企业需求，为企业的财务决策提供更加强有力的支持。

数据驱动模型与财务决策效率之间存在密切的关系。通过高效处理和分析数据、优化决策流程以及发现潜在市场机会和风险等功能，数据驱动模型有助于企业提升财务决策的效率和质量。然而在应用过程中也需要注意数据质量、模型选择和人机结合等问题。随着技术的不断进步和应用场景的不断拓展，数据驱动模型将在财务决策中发挥更加重要的作用，为企业创造更大的价值。

二、数据驱动模型在不同财务决策场景下的应用

在复杂的财务决策过程中，数据驱动模型以其强大的数据处理能力和精准的预测分析功能，逐渐在各类决策场景中占据重要地位。不同的财务决策场景对数据的需求、分析方法和决策目标各不相同，因此深入探究数据驱动模型在不同场景下的具体应用，对于提升财务决策的科学性和有效性具有重要意义。

在资金配置决策中，数据驱动模型能够通过对历史资金流动数据的分析，预测未来的资金需求和流动趋势。模型能够综合考虑市场环境、企业经营状况、投资风险等因素，为决策者提供最优的资金配置方案。这有助于企业合理调配资金，降低资金成本，提高资金使用效率。

在投资决策中，数据驱动模型发挥着关键作用。模型可以收集并分析大量的市场数据、行业信息和公司财务数据，帮助决策者识别潜在的投资机会和风险。通过构建投资组合优化模型，模型能够在满足风险约束的条件下，实现投资回报的最大化。这为企业制定科学的投资策略提供了有力支持。

在信用评估决策中，数据驱动模型的应用也日趋广泛。模型可以通过分析客户的信用记录、经营状况、还款能力等多维度数据，对客户的信用等级进行准确评估。这有助于企业制定合理的信用政策，降低坏账风险，提高应

收账款周转率。

在风险管理决策中，数据驱动模型同样发挥着重要作用。模型能够实时监控企业的财务状况和市场动态，通过构建风险预警机制，及时发现并应对潜在风险。同时，模型可以对风险进行量化评估，为决策者提供风险控制和应对策略的建议。

然而，数据驱动模型在不同财务决策场景下的应用也面临一些挑战和限制。不同场景下的数据特点和需求各不相同，需要选择合适的模型和方法进行处理和分析。模型的准确性和可靠性高度依赖于数据的质量和完整性。如果数据存在误差或缺失，将可能导致模型的分析结果出现偏差。模型的应用还需要考虑计算资源和时间成本等因素的限制。

因此在应用数据驱动模型进行财务决策时，需要充分了解不同场景下的数据特点和需求，选择合适的模型和方法。同时需要加强数据质量管理，确保数据的准确性和完整性。随着技术的不断发展，可以探索更加高效和准确的模型算法，以提高财务决策的科学性和有效性。

值得一提的是，数据驱动模型的应用不仅在于其分析结果的准确性，更在于其能够提供决策支持的灵活性和可扩展性。随着企业财务决策的复杂性和动态性不断增强，数据驱动模型需要不断适应新的决策场景和需求。通过不断优化模型结构和算法参数，以及整合更多的数据源和信息，数据驱动模型能够更好地适应变化，为企业的财务决策提供持续、有效的支持。

未来，随着大数据、人工智能等技术的进一步发展和普及，数据驱动模型在财务决策中的应用将更加深入和广泛。通过更加精细化的数据处理和分析，模型将能够更准确地揭示财务数据的内在规律和趋势，为企业的财务决策提供更加精准和有效的支持。同时，随着模型的不断优化和创新，其应用范围和效果将得到进一步提升，为企业的稳健发展提供有力保障。

数据驱动模型在不同财务决策场景下的应用具有广泛的前景和潜力。通过充分利用模型的分析和预测能力，企业可以更加科学、精准地制定财务决策，提高决策效率和效果。然而在应用过程中也需要注意数据质量、模型选择和技术更新等问题，以确保模型的应用能够真正为企业创造价值。

第二节 智能化技术对财务规划与预算的影响

财务规划与预算是企业财务管理的核心环节，其准确性和有效性直接关系到企业的资源配置和经济效益。随着智能化技术的快速发展，其在财务规划与预算中的应用日益广泛，为企业的财务规划带来了前所未有的变革。

首先，智能化技术的应用使得财务规划与预算的编制更加科学和精准。传统的财务规划与预算往往基于历史数据和经验判断，难以准确预测未来的市场变化和经营情况。而智能化技术通过大数据分析、机器学习等手段，能够深入挖掘数据背后的规律和趋势，为财务规划与预算提供更为精准和科学的依据。

其次，智能化技术还能提高财务规划与预算的执行效率。通过实时监控和动态调整，智能化技术能够帮助企业及时发现预算执行中的问题和偏差，并采取有效的措施进行纠正。这不仅提高了预算执行的准确性，也为企业节省了大量的时间和成本。

最后，智能化技术还能优化财务规划与预算的流程。传统的财务规划与预算流程烦琐且效率低下，难以满足企业快速决策的需求；而智能化技术通过自动化、智能化的处理和分析，能够简化流程、提高效率，使得财务规划与预算更加便捷和高效。

然而智能化技术的应用也带来了一些新的挑战和问题。例如，数据的安全性和隐私保护问题、技术的更新和维护问题以及员工的培训和适应问题等。因此在应用智能化技术进行财务规划与预算时，企业需要综合考虑技术、人才、管理等多方面因素，确保技术的有效应用和企业的持续发展。

智能化技术对财务规划与预算的影响深远而重大。未来，随着技术的不断进步和应用场景的不断拓展，智能化技术将在财务规划与预算中发挥更加重要的作用。企业应当积极拥抱智能化技术，加强技术研发和人才培养，不断完善和优化财务规划与预算的流程和方法，以应对日益复杂多变的市场环境，实现企业的可持续发展。

一、智能化技术在财务规划中的应用

财务规划作为企业管理的重要组成部分，旨在通过合理配置资源、优化资金结构、控制财务风险等手段，实现企业价值最大化。然而传统的财务规划方法往往依赖于人工经验和主观判断，存在信息获取不全、决策效率低下等问题。智能化技术的引入，为财务规划带来了革命性的变革。

智能化技术通过大数据分析和人工智能技术，能够实现对海量财务数据的快速分析和处理。通过对历史数据的挖掘，智能化技术能够揭示数据背后的规律和趋势，为财务规划提供科学的依据。同时，智能化技术还能够实时监控企业的财务状况和市场动态，及时发现潜在风险并发出预警，帮助企业在复杂多变的市场环境中保持稳健发展。

在具体应用上，智能化技术可以辅助企业进行财务预测和资金规划。通过对历史财务数据的分析，智能化技术能够预测企业未来的收入和支出情况，为资金规划提供可靠的数据支持。智能化技术还可以帮助企业优化资金结构，降低资金成本，提高资金使用效率。

除了预测和规划，智能化技术还能为财务规划提供决策支持。通过构建决策支持系统，智能化技术能够综合考虑多种因素，为企业制定财务规划方案提供科学、客观的建议。这有助于减少人为因素的干扰，提高决策的质量和效率。

然而智能化技术在财务规划中的应用也面临一些挑战。数据的准确性和完整性对智能化技术的应用效果具有重要影响。如果数据存在误差或缺失，将可能导致智能化技术的分析结果出现偏差。因此在应用智能化技术进行财务规划时，企业需要确保所使用的数据经过严格的清洗和验证。智能化技术的应用需要具备一定的技术能力和人才支持。因此，企业需要培养和引进具备相关技能和经验的人才，以充分发挥智能化技术在财务规划中的作用。

尽管如此，智能化技术在财务规划中的应用前景仍然广阔。随着技术的不断进步和应用场景的不断拓展，智能化技术将能够在财务规划中发挥更加重要的作用。未来，智能化技术将为企业提供更加全面、精准的财务规划支持，帮助企业实现更加稳健、高效的发展。

总之，智能化技术在财务规划中的应用具有重要意义。通过深度挖掘和分析财务数据、实时监控财务状况和市场动态、提供决策支持等手段，智能化技术能够为企业制定科学、合理的财务规划方案提供有力支持。然而在应用过程中也需要注意数据质量、技术能力和人才支持等问题。随着技术的不断进步和应用场景的不断拓展，智能化技术在财务规划中的应用将更加深入和广泛。

二、智能化技术对预算编制过程的影响

预算编制是企业财务管理的关键环节，其准确性、合理性直接关系到企业资源的有效配置和经济效益的实现。传统预算编制过程往往依赖于手工操作和定性分析，存在工作量大、效率低下、准确性难以保证等问题，而智能化技术的引入，为预算编制过程带来了革命性的变化。

智能化技术通过大数据分析和算法模型，能够实现对预算数据的快速处理和分析。通过对历史预算数据的挖掘，智能化技术能够发现预算执行的规律和趋势，为预算编制提供科学依据。同时，智能化技术还能够根据企业的实际情况和市场环境，对预算数据进行动态调整和优化，提高预算的准确性和合理性。

在预算编制的具体实践中，智能化技术可以发挥多方面的作用。智能化技术可以辅助企业设定预算目标和标准。通过分析历史数据和市场需求，智能化技术能够为企业制定合理的预算目标和标准，确保预算与企业战略保持一致。智能化技术可以自动化处理预算数据。通过构建预算管理系统，智能化技术能够实现对预算数据的自动收集、整理和分析，减轻人工操作负担，提高预算编制效率。智能化技术还可以提供预算执行的实时监控和预警功能。通过实时监测预算执行情况，智能化技术能够及时发现预算偏差和风险，为企业调整预算提供决策支持。

然而智能化技术在预算编制过程中的应用也面临一些挑战和限制。数据的质量和完整性对智能化技术的应用效果具有重要影响。如果预算数据存在缺失、错误或不一致等问题，将可能导致智能化技术的分析结果出现偏差。

因此在应用智能化技术进行预算编制时，企业需要确保所使用的数据经过严格的清洗和验证。智能化技术的选择和应用需要根据企业的实际情况进行定制。不同企业具有不同的业务特点和预算需求，因此需要选择适合的智能化技术和工具。随着市场环境的变化和企业发展的需求，智能化技术也需要不断更新和优化，以适应新的预算编制需求。

尽管面临这些挑战和限制，但智能化技术在预算编制过程中的应用前景仍然广阔。随着技术的不断进步和应用场景的不断拓展，智能化技术将在预算编制中发挥更加重要的作用。未来，智能化技术将为企业提供更加全面、精准的预算编制支持，帮助企业实现更加高效、科学的资源管理。

值得注意的是，智能化技术在预算编制过程中的应用并不仅仅是技术的简单应用，更是管理理念和方法的创新。它要求企业在预算编制过程中更加注重数据的收集和分析，以数据为驱动进行预算决策。同时，智能化技术也要求企业加强内部管理，确保预算数据的准确性和完整性。只有这样，才能充分发挥智能化技术在预算编制过程中的优势，实现企业的战略目标。

随着技术的不断发展，智能化技术在预算编制过程中的应用也将不断深化。未来，我们期待更多的智能化技术和工具被应用于预算编制中，如机器学习、自然语言处理等。这些技术的应用将进一步提高预算编制的准确性和效率，为企业的发展提供有力支持。

智能化技术对预算编制过程的影响是深远的。它不仅能够提高预算编制的准确性和效率，还能够推动企业管理理念和方法的创新。然而在应用过程中也需要注意数据质量、技术选择和管理要求等问题。随着技术的不断进步和应用场景的不断拓展，智能化技术在预算编制中的应用也将更加广泛和深入。

三、智能化技术在财务规划与预算监控中的作用

财务规划与预算监控是企业财务管理的重要组成部分，对于确保企业稳健运营、实现战略目标具有至关重要的意义。随着信息技术的快速发展，智能化技术逐渐渗透到财务规划与预算监控的各个环节，为企业提供了全新的

管理工具和方法。

在财务规划方面，智能化技术以其强大的数据处理能力和分析能力，为规划提供了精准的数据支持。通过对历史数据的挖掘和分析，智能化技术能够揭示市场趋势、预测业务增长，为财务规划提供科学依据。同时，智能化技术还可以帮助企业进行风险评估和预测，及时发现潜在风险，为财务规划提供风险预警。

预算监控是确保预算有效执行的关键环节。传统预算监控方式往往依赖于人工核算和比对，效率低下且易出错，而智能化技术的引入，使得预算监控变得更加高效、准确。通过构建预算监控系统，智能化技术能够实时监控预算执行情况，自动比对预算数据和实际数据，发现预算偏差并及时预警。这不仅提高了预算监控的效率，还增强了预算执行的透明度和可控性。

智能化技术还可以对预算执行情况进行深入分析，帮助企业找出预算偏差的原因，提出改进措施。通过对预算数据的挖掘和分析，智能化技术能够发现预算执行中的规律和趋势，为预算调整和优化提供有力支持。

然而智能化技术在财务规划与预算监控中的应用也面临一些挑战。数据的质量和完整性对于智能化技术的应用至关重要。如果数据存在错误或缺失，将直接影响智能化技术的分析结果和准确性。因此在应用智能化技术进行财务规划与预算监控时，企业需要确保所使用的数据经过严格的清洗和验证。智能化技术的应用需要企业具备一定的技术能力和人才支持。企业需要培养和引进具有相关技能和经验的人才，以充分发挥智能化技术在财务规划与预算监控中的作用。

尽管如此，随着技术的不断进步和应用场景的不断拓展，智能化技术在财务规划与预算监控中的应用前景仍然广阔。未来，智能化技术将更加深入地渗透到财务规划与预算监控的各个环节，为企业提供更加全面、精准的支持。通过智能化技术的应用，企业可以更加高效地进行财务规划和预算监控，提高财务管理水平，为企业的发展提供有力保障。

值得一提的是，智能化技术在财务规划与预算监控中的应用不仅仅局限于数据处理和分析。随着人工智能、机器学习等技术的不断发展，智能化技术还将具备更强的预测和决策能力。例如，通过构建预测模型，智能化技术可以预测未来的财务趋势和市场变化，为企业的财务规划和预算制定提供更加科学的依据。同时，智能化技术还可以根据实时的财务数据和市场信息，自动调整预算方案，确保预算与实际情况的紧密贴合。

智能化技术还可以帮助企业实现更加精细化的预算管理。通过对预算数据的深入分析和挖掘，智能化技术可以发现预算中的冗余和浪费，提出优化建议，帮助企业实现资源的合理配置和有效利用。同时，智能化技术还可以对预算执行情况进行实时监控和评估，为企业的决策提供及时、准确的信息支持。

智能化技术在财务规划与预算监控中发挥着越来越重要的作用。通过其强大的数据处理和分析能力，智能化技术能够帮助企业实现更加科学、高效的财务规划和预算监控，提高企业的财务管理水平和市场竞争力。随着技术的不断进步和应用场景的不断拓展，智能化技术在财务规划与预算监控中的应用将更加深入和广泛，为企业的发展注入新的动力。

四、智能化技术对财务规划与预算准确性的提升

财务规划与预算的准确性是财务管理工作的核心要求，直接关系到企业资源配置的效率和经营成果的实现。在信息化、数据化浪潮的推动下，智能化技术以其独特的优势，正逐渐成为提升财务规划与预算准确性的重要工具。

智能化技术通过引入大数据分析和机器学习等先进算法，实现了对海量财务数据的快速处理与深度挖掘。这些技术不仅能对历史数据进行详尽分析，揭示数据背后的规律和趋势，还能根据实时数据动态调整财务规划与预算方案，使之更加贴近企业实际运营情况。

具体而言，智能化技术通过构建复杂的数学模型和算法，对财务数据进行多维度、多层次的深入分析。它可以根据企业的历史财务数据和市场环境，预测未来的财务趋势，为财务规划提供科学依据。同时，智能化技术还可以通过对预算执行情况的实时监控和反馈，及时发现预算偏差，提醒企业进行

调整和优化，从而提高预算的准确性。

智能化技术还能帮助企业实现财务规划与预算的自动化和智能化。通过构建智能化的财务规划与预算系统，企业可以实现对财务数据的自动收集、整理和分析，减少人为干预和误差，提高财务规划和预算的效率和准确性。同时，智能化技术还可以根据企业的实际情况和需求，自动调整和优化财务规划与预算方案，使之更加符合企业的战略目标和发展需求。

然而智能化技术在提升财务规划与预算准确性的同时，也面临一些挑战和限制。数据的质量是智能化技术应用的基础。如果数据存在错误、缺失或不一致等问题，将直接影响智能化技术的分析结果和准确性。因此在应用智能化技术进行财务规划与预算时，企业需要确保所使用的数据经过严格的清洗和验证。智能化技术的应用需要企业具备一定的技术能力和人才支持。企业需要培养和引进具有相关技能和经验的人才，以充分发挥智能化技术在财务规划与预算准确性中的作用。

尽管如此，随着技术的不断进步和应用场景的不断拓展，智能化技术在提升财务规划水平与预算准确性方面的潜力仍然巨大。未来，随着人工智能、云计算等技术的深度融合与应用，智能化技术将更加精准地分析财务数据、预测财务趋势，为企业的财务规划与预算提供更加科学、准确的支持。

值得一提的是，智能化技术在提升财务规划与预算准确性的同时，也为企业带来了更多的决策支持。通过智能化技术的应用，企业可以更加深入地了解自身的财务状况和经营成果，发现潜在的风险和机会，为企业的战略决策提供有力支持。智能化技术还可以帮助企业实现财务信息的透明化和共享化，加强内部沟通和协作，提高企业的整体运营效率。

智能化技术对财务规划水平与预算准确性的提升具有显著的作用。通过引入智能化技术，企业可以实现对财务数据的深入分析和挖掘，提高财务规划与预算的科学性和准确性。同时，智能化技术还可以为企业提供更多的决策支持和优化建议，帮助企业实现更加稳健、高效的财务管理。随着技术的不断进步和应用场景的不断拓展，智能化技术在提升财务规划与预算准确性方面的应用将更加广泛和深入。

第三节　智能化技术对融资决策的影响

融资决策是企业筹集资金、扩大规模、推动创新发展的重要环节。在智能化浪潮的冲击下，融资决策的方式和效率正发生深刻变革。智能化技术的应用不仅为融资决策提供了更为精准的数据支持，还通过优化决策流程和模型，提升了融资决策的科学性和有效性。

具体而言，智能化技术通过大数据分析，能够帮助企业全面了解市场资金供求状况、投资者偏好以及潜在风险，为融资决策提供有力依据。同时，基于机器学习等算法，智能化技术可以构建融资预测模型，预测未来融资环境的变化趋势，为企业融资策略的制定提供前瞻性指导。

智能化技术还能够优化融资决策的流程。传统的融资决策往往涉及多个部门和环节，周期长、效率低；而智能化技术通过自动化、智能化的数据分析和处理，能够简化决策流程、缩短决策周期、提高决策效率。

然而智能化技术在融资决策中的应用也面临一些挑战。如数据质量问题、技术更新速度、人才储备等，都可能影响智能化技术在融资决策中的应用效果。因此企业在应用智能化技术进行融资决策时，需要综合考虑技术、人才、数据等多方面因素，确保技术的有效应用。

总之，智能化技术对融资决策的影响深远而重要。随着技术的不断进步和应用场景的不断拓展，智能化技术将在融资决策中发挥更加重要的作用。企业应积极拥抱智能化技术，加强技术研发和人才培养，以提升融资决策的科学性和有效性，推动企业健康发展。

一、智能化技术在融资渠道分析中的应用

智能化技术通过运用大数据、机器学习等先进算法，能够深入挖掘和分析各种融资渠道的数据信息。通过对历史融资数据的梳理和比较，智能化技术可以帮助企业识别出各种融资渠道的优势和劣势，进而为企业的融资决策提供有力依据。智能化技术还能够结合市场环境、行业趋势等因素，对融资

渠道的未来发展趋势进行预测，为企业制定长期融资策略提供参考。

在具体应用方面，智能化技术可以通过构建融资渠道分析模型，实现对各种融资渠道的综合评估。这些模型可以根据企业的实际情况和需求，综合考虑融资成本、融资风险、融资期限等多个维度，对不同的融资渠道进行量化比较。通过模型分析，企业可以清晰地了解各种融资渠道的优缺点，从而选择最适合自身发展的融资渠道。

同时，智能化技术还可以帮助企业实现融资渠道的动态优化。随着市场环境的变化和企业发展需求的调整，原有的融资渠道可能不再适用。智能化技术可以实时监测各种融资渠道的市场动态和表现情况，一旦发现现有融资渠道存在问题或不再符合企业发展需求，便会自动触发优化机制，为企业寻找更加合适的融资渠道。

然而智能化技术在融资渠道分析中的应用也面临一些挑战。数据的质量和完整性对于智能化技术的应用至关重要。如果融资数据存在缺失、错误或不一致等问题，将直接影响智能化技术的分析结果和准确性。因此在应用智能化技术进行融资渠道分析时，企业需要确保所使用的数据经过了严格的清洗和验证。智能化技术的应用需要企业具备一定的技术能力和人才支持。企业需要培养和引进具有相关技能和经验的人才，以充分发挥智能化技术在融资渠道分析中的作用。

智能化技术在融资渠道分析中的应用还需要注意数据安全和隐私保护的问题。在收集、处理和分析融资数据的过程中，企业需要严格遵守相关法律法规，确保数据的合法性和安全性。同时，企业还需要采取有效措施，防止数据泄露和滥用，保护企业的商业秘密和客户的隐私权益。

尽管存在这些挑战，但智能化技术在融资渠道分析中的应用前景仍然广阔。随着技术的不断进步和应用场景的不断拓展，智能化技术将能够在融资渠道分析中发挥更加重要的作用。未来，智能化技术将为企业提供更加全面、精准的融资渠道分析支持，帮助企业实现更加高效、科学的融资决策。

值得注意的是，智能化技术在融资渠道分析中的应用不仅仅是对数据的简单处理和分析，更是对融资决策理念和方法的创新。它要求企业在制定融资策略时更加注重数据的收集和分析，以数据为驱动进行决策。同时，智能化技术也要求企业加强内部管理，确保融资数据的准确性和完整性。只有这样，才能充分发挥智能化技术在融资渠道分析中的优势，为企业的融资决策提供有力支持。

总体而言，智能化技术在融资渠道分析中的应用为企业提供了更加精准、高效的决策支持。通过深入挖掘和分析各种融资渠道的数据信息，智能化技术可以帮助企业识别出各种融资渠道的优势和劣势，进而为企业的融资决策提供有力依据。随着技术的不断进步和应用场景的不断拓展，智能化技术在融资渠道分析中的应用将更加深入和广泛，为企业的发展注入新的动力。

二、智能化技术对融资成本预测的影响

融资成本作为企业财务决策的重要因素之一，其准确预测对于优化融资结构、降低财务风险具有重要意义。随着智能化技术的快速发展，其在融资成本预测方面的应用逐渐展现出强大的潜力和优势。

智能化技术通过运用大数据分析和机器学习等算法，能够实现对历史融资成本数据的深度挖掘和学习。通过对大量样本数据的分析，智能化技术可以揭示融资成本与市场环境、企业信用状况、融资方式等因素之间的复杂关系，从而构建出更加精准的融资成本预测模型。

这些预测模型不仅能够考虑传统的融资成本影响因素，还能够纳入更多维度的数据和信息，如宏观经济指标、行业动态、政策变化等。通过综合考虑这些因素，智能化技术能够更加全面地评估融资成本的变化趋势，提高预测的准确性。

智能化技术还可以实现融资成本的实时动态预测。传统的融资成本预测方法往往基于静态的历史数据，难以适应市场环境的快速变化；而智能化技术可以实时监测市场动态和相关信息，对融资成本进行实时更新和调整，确保预测结果与实际情况高度一致。

智能化技术对融资成本预测的影响还体现在提高预测效率和降低预测成本上。传统的融资成本预测需要耗费大量的人力和时间成本，而智能化技术可以自动化地完成数据收集、处理和分析过程，大大提高预测效率。同时，通过减少人为干预和误差，智能化技术还可以降低预测成本，为企业节约宝贵的资源。

然而智能化技术在融资成本预测中的应用也面临一些挑战和限制。一方面，数据的质量和完整性对于预测模型的准确性至关重要。如果数据存在缺失、错误或不一致等问题，将直接影响预测结果的可靠性。因此在应用智能化技术进行融资成本预测时，企业需要确保所使用的数据经过严格的清洗和验证。另一方面，智能化技术的应用需要企业具备一定的技术能力和人才支持。企业需要培养和引进具有相关技能和经验的人才，以充分发挥智能化技术在融资成本预测中的作用。

尽管存在这些挑战，但智能化技术在融资成本预测中的应用前景仍然广阔。随着技术的不断进步和应用场景的不断拓展，智能化技术将在融资成本预测中发挥更加重要的作用。未来，智能化技术将为企业提供更加精准、高效的融资成本预测支持，帮助企业更好地把握市场机遇，优化融资结构，降低财务风险。

值得一提的是，智能化技术对融资成本预测的影响还体现在其对决策过程的优化上。传统的决策过程往往依赖于经验和直觉，难以全面考虑各种影响因素和潜在风险；而智能化技术通过提供精准的预测结果和数据分析，可以帮助企业更加科学地制定融资策略，提高决策的质量和效率。同时，智能化技术还可以提供实时的市场信息和风险提示，帮助企业及时应对市场变化，降低融资风险。

智能化技术对融资成本预测的影响深远而广泛。通过运用大数据分析和机器学习等算法，智能化技术可以实现对融资成本的精准预测和动态监测，为企业提供更加科学、高效的决策支持。随着技术的不断进步和应用场景的不断拓展，智能化技术在融资成本预测中的应用将更加深入和广泛，为企业的财务管理和融资决策带来革命性的变革。

三、智能化技术在融资结构优化中的应用

融资结构优化是企业财务管理的重要目标之一，直接关系到企业的资金成本、偿债能力以及财务风险水平。随着智能化技术的不断发展，其在融资结构优化中的应用日益凸显，为企业提供了更加精准、高效的优化策略。

智能化技术在融资结构优化中的应用主要体现在数据驱动和模型优化两个方面。智能化技术通过收集和分析大量的融资数据，包括各种融资渠道的成本、期限、风险等信息，为企业的融资决策提供数据支持。通过对这些数据的深度挖掘和处理，智能化技术可以揭示出不同融资渠道之间的内在联系和规律，为企业制定融资策略提供科学依据。

智能化技术通过构建融资结构优化模型，实现对融资方案的自动优化和调整。这些模型通常基于复杂的数学算法和机器学习技术，能够综合考虑企业的财务状况、市场环境、融资需求等多个因素，自动计算出最优的融资结构。通过不断优化模型参数和算法，智能化技术可以逐步提高融资结构的准确性和效率。

在具体应用过程中，智能化技术可以帮助企业识别出潜在的融资风险，并制定相应的风险应对策略。例如，通过对历史融资数据的分析，智能化技术可以发现某些融资渠道的风险较高，从而提醒企业在未来的融资过程中避免使用这些渠道；智能化技术还可以实时监测企业的融资状况，一旦发现异常情况或潜在风险，便会自动触发预警机制，提醒企业及时采取措施进行调整。

智能化技术还可以帮助企业实现融资结构的动态调整。随着市场环境的变化和企业经营状况的波动，原有的融资结构可能不再适用。智能化技术可以实时监测这些变化，并根据实际情况自动调整融资结构，确保企业的资金需求和风险承受能力保持平衡。

然而智能化技术在融资结构优化中的应用也面临一些挑战和限制。数据的质量和完整性对于智能化技术的应用至关重要。如果融资数据存在缺失、错误或不一致等问题，将直接影响智能化技术的分析结果和准确性。因此在

应用智能化技术进行融资结构优化时，企业需要确保所使用的数据经过了严格的清洗和验证。智能化技术的应用需要企业具备一定的技术能力和人才支持。企业需要培养和引进具有相关技能和经验的人才，以充分发挥智能化技术在融资结构优化中的作用。

尽管存在这些挑战，但智能化技术在融资结构优化中的应用前景仍然广阔。随着技术的不断进步和应用场景的不断拓展，智能化技术将在融资结构优化中发挥更加重要的作用。未来，智能化技术将为企业提供更加全面、精准的融资结构优化支持，帮助企业实现更加高效、科学的融资决策和风险管理。

值得注意的是，智能化技术在融资结构优化中的应用不仅仅是对现有融资结构的调整和优化，更是对企业融资理念和方法的创新。它要求企业在制定融资策略时更加注重数据的收集和分析，以数据为驱动进行决策。同时，智能化技术也要求企业加强内部管理，确保融资数据的准确性和完整性。只有这样，才能充分发挥智能化技术在融资结构优化中的优势，为企业的融资决策提供有力支持。

智能化技术在融资结构优化中的应用为企业提供了更加精准、高效的优化策略。通过数据驱动和模型优化，智能化技术可以帮助企业识别融资风险、调整融资结构，实现资金成本的最小化和风险的可控化。随着技术的不断进步和应用场景的不断拓展，智能化技术在融资结构优化中的应用将更加深入和广泛，为企业的财务管理和融资决策提供有力的技术支撑。

四、智能化技术对融资风险管理的影响

融资风险管理作为企业财务管理的重要组成部分，直接关系到企业的资金安全、偿债能力以及市场竞争力。随着智能化技术的快速发展，其在融资风险管理中的应用逐渐凸显，为企业提供了更加精准、高效的风险识别、评估和控制手段。

智能化技术通过大数据分析和机器学习算法，能够实现对融资风险的实时监测和预警。通过对海量融资数据的收集、整理和分析，智能化技术能够

揭示出潜在的风险因素，如市场波动、信用变化、政策调整等，并及时发出预警信号，提醒企业采取相应的风险应对措施。这种实时监测和预警机制有助于企业及时发现并应对融资风险，避免风险扩大化或转化为实际损失。

同时，智能化技术还可以对融资风险进行量化评估。传统的风险评估方法往往依赖于专家的经验和主观判断，难以准确量化风险的大小和概率；而智能化技术通过构建风险评估模型，能够综合考虑多种风险因素，对融资风险进行客观、精准的量化评估。这不仅有助于企业更加全面地了解融资风险，还能为企业的风险决策提供科学依据。

智能化技术还可以帮助企业制定个性化的风险应对策略。不同企业在融资过程中面临的风险类型和程度通常存在差异，因此需要采取不同的风险应对策略。智能化技术通过深入分析企业的融资数据、经营状况和市场环境等因素，能够为企业量身定制风险应对策略，帮助企业更好地应对融资风险。

然而智能化技术在融资风险管理中的应用也面临一些挑战。数据的质量和可靠性是智能化技术应用的基础。如果数据存在错误或偏差，将直接影响智能化技术的分析结果和预警准确性。因此企业需要加强对融资数据的收集、整理和验证工作，确保数据的准确性和完整性。智能化技术的应用需要企业具备一定的技术能力和人才支持。企业需要培养和引进具有相关技能和经验的人才，以充分发挥智能化技术在融资风险管理中的作用。

尽管存在这些挑战，但智能化技术在融资风险管理中的应用前景仍然广阔。随着技术的不断进步和应用场景的不断拓展，智能化技术将在融资风险管理中发挥更加重要的作用。未来，智能化技术将为企业提供更加全面、精准的融资风险管理支持，帮助企业更好地应对各种融资风险，确保企业的资金安全和稳健发展。

值得注意的是，智能化技术在融资风险管理中的应用并非简单的技术替代，而是对传统风险管理模式的创新和升级。它要求企业在风险管理过程中更加注重数据的收集和分析，以数据驱动的方式识别、评估和控制风险。同时，智能化技术也要求企业加强内部管理、完善风险管理制度和流程，确保风险管理工作的有效性和高效性。

总之，智能化技术对融资风险管理的影响深远而广泛。通过实时监测预警、量化风险评估和个性化风险应对策略等手段，智能化技术能够帮助企业更好地应对融资风险，确保企业的资金安全和稳健发展。随着技术的不断进步和应用场景的不断拓展，智能化技术在融资风险管理中的应用将更加深入和广泛，为企业的风险管理提供有力支持。

第四节　智能化技术对投资决策的影响

在快速变化的市场环境中，投资决策的准确性和时效性对企业的生存和发展至关重要。智能化技术的引入，为投资决策带来了革命性的变革，使得企业能够更加精准地把握市场机遇、降低投资风险。

智能化技术通过大数据分析、机器学习和人工智能等技术手段，能够深入挖掘投资项目的潜在价值和风险。通过对历史数据和市场趋势的分析，智能化技术能够帮助企业预测未来的市场变化，为投资决策提供有力支持。同时，智能化技术还能够对投资项目进行实时跟踪和评估，及时发现潜在风险并采取相应措施，确保投资的安全和回报。

此外，智能化技术还能够优化投资决策的流程。传统的投资决策往往依赖于人工分析和判断，决策周期长、效率低；而智能化技术通过自动化、智能化的数据处理和分析，能够简化决策流程，提高决策效率。企业可以利用智能化技术快速筛选投资项目、评估投资价值，从而更快地做出决策，抓住市场机遇。

企业在应用智能化技术进行投资决策时，需要综合考虑技术、人才、数据等多方面因素，确保技术的有效应用。同时，还需要加强数据管理和安全保护，确保投资决策的准确性和可靠性。

一、智能化技术在投资机会识别中的应用

智能化技术通过大数据分析和机器学习算法，能够实现对海量市场信息的实时收集、整理和分析。通过对这些数据的深入挖掘，智能化技术可以帮

助企业发现潜在的投资机会，如新兴市场的崛起、行业趋势的变化、技术创新的涌现等。这些机会往往隐藏在大量的信息之中，传统的方法难以有效识别，而智能化技术则能够凭借其强大的数据处理能力，快速准确地捕捉到。

智能化技术还能够通过分析历史投资数据，提取出影响投资收益的关键因素，并建立相应的预测模型。这些模型可以根据当前的市场环境和企业的实际情况，对潜在的投资机会进行量化评估，预测其未来的收益和风险。这种基于数据的量化评估方法，相比传统的经验判断和主观决策，更加客观、准确，有助于提高投资决策的科学性和有效性。

在具体应用过程中，智能化技术还可以结合企业的战略目标和风险偏好，为投资机会的筛选和排序提供支持。通过设定不同的筛选条件和排序标准，智能化技术可以帮助企业快速筛选出符合其战略需求且风险可控的投资机会，为企业的投资决策提供有力支持。

然而智能化技术在投资机会识别中的应用也面临一些挑战和限制。数据的质量和完整性对于智能化技术的应用至关重要。如果数据存在缺失、错误或不一致等问题，将直接影响智能化技术的分析结果和准确性。因此在应用智能化技术进行投资机会识别时，企业需要确保所使用的数据经过了严格的清洗和验证。智能化技术的应用需要企业具备一定的技术能力和人才支持。企业需要培养和引进具有相关技能和经验的人才，以充分发挥智能化技术在投资机会识别中的作用。

尽管存在这些挑战，但智能化技术在投资机会识别中的应用前景仍然广阔。随着技术的不断进步和应用场景的不断拓展，智能化技术将在投资机会识别中发挥更加重要的作用。未来，智能化技术将为企业提供更加全面、精准的投资机会识别支持，帮助企业更好地把握市场机遇，实现资本的高效配置和长期价值的最大化。

值得注意的是，智能化技术在投资机会识别中的应用并不是对传统方法的完全替代，而是对其的补充和优化。虽然智能化技术可以提供更加全面、准确的数据支持和分析结果，但最终的决策仍然需要依赖于企业的战略目标和实际情况。因此在应用智能化技术进行投资机会识别时，企业需要保持理性和审慎的态度，结合自身的实际情况和市场环境进行综合考量，以确保投资决策的科学性和有效性。

同时，企业在应用智能化技术进行投资机会识别时，还应注重数据的安全性和隐私保护。由于智能化技术需要处理大量的个人信息和敏感数据，因此企业必须加强对数据的管理和保护，确保数据的合法使用和安全存储。企业还应建立健全的内部控制机制，防止数据泄露和滥用的情况发生，确保智能化技术的合规应用。

总之，智能化技术在投资机会识别中的应用为企业提供了更加精准、高效的识别手段。通过大数据分析和机器学习算法的应用，智能化技术能够帮助企业快速准确地发现潜在的投资机会，并进行量化评估和风险预测。随着技术的不断进步和应用场景的不断拓展，智能化技术在投资机会识别中的应用将更加深入和广泛，为企业的投资决策提供更加有力的支持。然而在应用智能化技术进行投资机会识别的过程中，企业也需要关注数据质量、技术能力和数据安全等问题，以确保智能化技术的有效应用和合规性。

二、智能化技术对投资风险评估的影响

在投资决策过程中，风险评估是不可或缺的一环，它直接关系到投资的安全性和回报的可持续性。随着智能化技术的迅猛发展，其在投资风险评估领域的应用日益广泛，为投资者提供了更为精准、高效的评估工具和方法。

智能化技术通过大数据分析和机器学习算法，能够实现对海量投资数据的深度挖掘和处理。这些数据包括历史投资回报、市场波动情况、行业发展趋势等多个维度，通过智能化技术的处理，投资者可以更加全面、深入地了解投资项目的潜在风险。同时，智能化技术还可以根据投资者的风险偏好和投资目标，建立个性化的风险评估模型，为投资者提供定制化的风险评估报告。

相较于传统的风险评估方法，智能化技术具有显著的优势。传统方法往往依赖于专家的经验和主观判断，难以准确量化风险的大小和发生概率；而智能化技术则可以通过算法和模型，对风险进行客观、精准的量化评估，避

免了人为因素的干扰。智能化技术还可以实时更新数据，对风险进行动态监测和预警，使投资者能够及时调整投资策略、降低潜在损失。

在具体应用过程中，智能化技术可以通过构建风险预测模型，对投资项目的未来风险进行预测和评估。这些模型基于大量的历史数据和机器学习算法，能够自动识别出影响投资风险的关键因素，并预测其未来的变化趋势。通过对比不同投资项目的风险预测结果，投资者可以更加清晰地了解各个项目的风险水平，从而做出更为明智的投资决策。

同时，智能化技术还可以对投资组合进行整体风险评估。通过对不同资产之间的相关性进行分析，智能化技术可以帮助投资者构建风险分散化的投资组合，降低整体风险。智能化技术还可以实时监测投资组合的风险状况，一旦发现风险超过预设阈值，便会自动触发预警机制，提醒投资者及时采取措施进行调整。

然而智能化技术在投资风险评估中的应用也面临一些挑战和限制。数据的质量和完整性对智能化技术的应用至关重要。如果数据存在缺失、错误或不一致等问题，将直接影响智能化技术的评估结果和准确性。因此在应用智能化技术进行投资风险评估时，投资者需要确保所使用的数据经过了严格的清洗和验证。智能化技术的应用需要投资者具备一定的技术能力和专业知识。投资者需要了解智能化技术的原理和应用方法，以便能够正确解读评估结果并制定相应的投资策略。

尽管存在这些挑战，但智能化技术在投资风险评估中的应用前景仍然广阔。随着技术的不断进步和应用场景的不断拓展，智能化技术将在投资风险评估中发挥更加重要的作用。未来，智能化技术将为投资者提供更加全面、精准的投资风险评估支持，帮助投资者更好地识别和管理投资风险，实现投资回报的最大化。

值得注意的是，智能化技术在投资风险评估中的应用并非完全替代传统方法，而是对传统方法的补充和完善。虽然智能化技术能够提供更加客观、精准的评估结果，但投资者在决策过程中仍需要结合自身的经验和判断，对评估结果进行综合分析。同时，投资者还需要关注智能化技术的局限性和潜在风险，避免因技术的缺陷或误用而导致投资失误。

总之，智能化技术对投资风险评估的影响深远而广泛。通过大数据分析和机器学习算法的应用，智能化技术能够为投资者提供更加精准、高效的评估工具和方法，帮助投资者更好地识别和管理投资风险。然而在应用智能化技术进行投资风险评估时，投资者需要关注数据质量、技术能力和潜在风险等问题，以确保评估结果的准确性和有效性。随着技术的不断进步和应用场景的不断拓展，智能化技术在投资风险评估中的应用将更加深入和广泛，为投资者的决策提供有力支持。

三、智能化技术在投资组合管理中的应用

投资组合管理是投资者实现资产多元化、风险分散化和收益最大化的重要手段。随着智能化技术的不断发展，其在投资组合管理中的应用逐渐展现出独特的优势，为投资者提供了更为高效、精准的管理工具和方法。

首先，智能化技术通过大数据分析和机器学习算法，能够实现对投资组合的实时监控和动态调整。通过对投资组合中各类资产的市场表现、风险收益特征以及相互关联性的深入分析，智能化技术能够及时发现潜在的风险因素，并提出相应的调整建议。这种实时监控和动态调整的机制有助于投资者及时应对市场变化，保持投资组合的稳定性和持续性。

其次，智能化技术还可以帮助投资者优化投资组合的配置。传统的投资组合配置方法往往依赖于经验和主观判断，难以准确评估各类资产的潜在价值和风险；而智能化技术则可以通过构建资产配置模型，综合考虑市场趋势、投资者偏好和风险承受能力等多个因素，为投资者提供最优化的资产配置方案。这些方案不仅有助于降低投资组合的整体风险，还能提高潜在收益水平。

最后，智能化技术还可以为投资者提供个性化的投资组合管理服务。不同投资者的风险承受能力、投资目标和时间规划可能存在差异，因此需要采用不同的投资组合管理策略。智能化技术可以根据投资者的个性化需求，定制专属的投资组合管理方案，包括资产配置、风险控制、交易执行等多个环节。这种个性化的服务能够更好地满足投资者的需求，提高投资者的满意度

和忠诚度。

　　然而智能化技术在投资组合管理中的应用也面临一些挑战和限制。数据的质量和准确性对于智能化技术的应用至关重要。如果数据存在错误或偏差，将直接影响智能化技术的分析结果和管理效果。因此投资者需要对所使用的数据进行严格的清洗和验证，以确保数据的准确性和可靠性。智能化技术的应用需要投资者具备一定的技术能力和专业知识。投资者需要了解智能化技术的原理和应用方法，以便能够正确解读分析结果并制定相应的管理策略。智能化技术的更新迭代速度较快，投资者需要不断学习并更新知识，以适应技术的发展和应用场景的变化。

　　尽管存在这些挑战，但智能化技术在投资组合管理中的应用前景仍然广阔。随着技术的不断进步和应用场景的不断拓展，智能化技术将在投资组合管理中发挥更加重要的作用。未来，智能化技术将为投资者提供更加全面、精准的投资组合管理服务，帮助投资者更好地实现资产的多元化、风险分散化和收益最大化。

　　值得注意的是，智能化技术在投资组合管理中的应用并非完全替代传统方法，而是对传统方法的补充和增强。智能化技术能够提供更加客观、精准的分析结果和管理建议，但投资者在决策过程中仍需要结合自身的经验和判断，对分析结果进行综合考虑。同时，投资者还需要关注智能化技术的局限性和潜在风险，避免因技术缺陷或误用而导致投资失误。

　　除了以上提到的应用方面，智能化技术还可以进一步拓展其在投资组合管理中的应用场景。例如，通过利用人工智能和机器学习的算法，智能化技术可以实现对投资组合的自动交易和智能调仓。这种自动化和智能化的交易方式能够减少人为干预、免受情绪影响，提高交易的效率和准确性。同时，智能化技术还可以结合市场预测和风险管理模型，为投资者提供实时的风险预警和应对策略，帮助投资者更好地应对市场变化和风险挑战。

　　总之，智能化技术在投资组合管理中的应用为投资者提供了更加高效、精准的管理工具和方法。通过实时监控和动态调整投资组合、优化资产配置以及提供个性化的管理服务等方式，智能化技术将有助于投资者实现资产的多元化、风险分散化和收益最大化。然而在应用智能化技术进行投资组合管理时，投资者需要关注数据质量、技术能力和潜在风险等问题，以确保技术的有效应用和合规性。随着技术的不断进步和应用场景的不断拓展，智能化技术在投资组合管理中的应用将更加深入和广泛，为投资者的决策和管理提供有力支持。

四、智能化技术对投资回报预测的影响

在投资领域，准确预测投资回报是投资者制定投资策略、评估投资效果的关键环节。随着智能化技术的飞速发展，其在投资回报预测中的应用日益广泛，为投资者提供了更加精确和有效的预测手段。

智能化技术以其强大的数据处理和分析能力，在投资回报预测中发挥着重要作用。通过收集和分析大量的历史数据、市场信息和行业趋势，智能化技术能够识别出影响投资回报的关键因素，并建立相应的预测模型。这些模型能够综合考虑多种因素，包括宏观经济环境、市场波动、企业业绩等，以更加全面和深入地理解投资回报的生成机制。

与传统的预测方法相比，智能化技术具有显著的优势。传统方法往往基于历史数据或专家经验进行预测，难以应对复杂多变的市场环境；而智能化技术则能够实时更新数据，并自动调整预测模型，以适应市场的变化。智能化技术还能够处理大规模的数据集，发现隐藏在数据中的规律和模式，为投资者提供更加深入和细致的预测结果。

在实际应用中，智能化技术为投资者提供了多种预测工具和模型。例如，基于机器学习的预测模型能够根据历史数据自动学习并优化预测算法，从而更加准确地预测未来的投资回报。智能化技术还可以结合自然语言处理和文本挖掘技术，从新闻报道、社交媒体等渠道提取有用的信息，进一步丰富预测模型的输入数据。

然而智能化技术在投资回报预测中的应用也面临着一些挑战和限制。数据的质量和可用性对预测结果的准确性至关重要。如果数据存在缺失、错误或不一致等问题，将直接影响预测模型的性能和效果。因此投资者在应用智

能化技术进行投资回报预测时，需要确保所使用的数据具有较高的质量和可靠性。

预测模型的选择和调整也是一个关键问题。不同的模型具有不同的特点和适用范围，投资者需要根据自己的投资目标和风险承受能力选择合适的模型。同时，投资者还需要定期检查和调整模型，以适应市场的变化和新的数据输入。

尽管存在这些挑战，但智能化技术在投资回报预测中的应用前景依然广阔。随着技术的不断进步和应用场景的不断拓展，智能化技术将在投资回报预测中发挥更加重要的作用。未来，智能化技术将提供更加精准、高效的预测工具和方法，帮助投资者更好地把握市场机遇，降低投资风险，实现投资回报的最大化。

值得注意的是，智能化技术在投资回报预测中的应用并非完全替代传统方法，而是对传统方法的补充和完善。虽然智能化技术能够提供更加客观、准确的预测结果，但投资者在决策过程中仍需要结合自身的经验和判断，对预测结果进行综合考虑。同时，投资者还需要关注智能化技术的局限性和潜在风险，避免因技术缺陷或误用而导致预测失准。

在实际操作中，投资者可以充分利用智能化技术的优势，结合自身的投资经验和市场洞察力，制定更加科学合理的投资策略。例如，投资者可以利用智能化技术进行投资组合的优化配置，根据预测结果调整不同资产的比例，以实现风险和收益的平衡；投资者还可以利用智能化技术进行市场趋势的分析和判断，及时发现潜在的投资机会和风险点，为投资决策提供有力支持。

总之，智能化技术对投资回报预测的影响深远而广泛。通过提供精准、高效的预测工具和方法，智能化技术有助于投资者更好地把握市场机遇，降低投资风险，实现投资回报的最大化。然而在应用智能化技术进行投资回报预测时，投资者需要关注数据质量、模型选择和潜在风险等问题，以确保预测结果的准确性和有效性。随着技术的不断进步和应用场景的不断拓展，智能化技术在投资回报预测中的应用将更加深入和广泛，为投资者的决策提供有力支持。

第五节　智能化技术对成本管理及内部运营决策的影响

　　成本管理及内部运营决策是企业日常运营管理的核心环节，其效率与准确性直接关系到企业的经济效益和市场竞争力。智能化技术的快速发展和广泛应用，为成本管理及内部运营决策带来了前所未有的变革。

　　智能化技术通过自动化、数据化、智能化的手段，优化了成本管理和内部运营决策的流程，提高了决策效率。通过引入先进的成本核算系统和数据分析工具，智能化技术能够实现对成本数据的实时收集、处理和分析，帮助企业快速掌握成本变化情况，为成本决策提供有力支持。同时，智能化技术还能通过预测模型对成本进行预测和规划，帮助企业提前制定成本控制措施，降低经营风险。

　　在内部运营决策方面，智能化技术也发挥了重要作用。通过对运营数据的深度挖掘和分析，智能化技术能够帮助企业发现运营过程中的瓶颈和问题，提出优化建议；智能化技术还能实现对运营过程的实时监控和预警，确保运营活动的顺利进行。

　　智能化技术对成本管理及内部运营决策的影响深远而重大。未来，随着技术的不断进步和应用场景的不断拓展，智能化技术将在成本管理及内部运营决策中发挥更加重要的作用。企业应积极拥抱智能化技术，加强技术研发和人才培养，推动成本管理及内部运营决策的智能化升级。

一、智能化技术在成本分析中的应用

　　智能化技术通过大数据分析和机器学习算法，能够实现对成本数据的深度挖掘和处理。这些成本数据包括原材料采购、生产制造成本、销售成本等多个方面，智能化技术能够对这些数据进行全面、系统的分析，帮助企业识别成本构成中的关键因素和潜在风险。通过对成本数据的实时监控和动态分析，企业可以更加准确地掌握成本的变化趋势，为成本控制和优化提供有力支持。

　　智能化技术在成本分析中的应用，首先体现在成本预测和预算制定方面。传统的成本预测方法往往基于历史数据和经验判断，难以准确预测未来的成本变化；而智能化技术则可以通过构建成本预测模型，综合考虑市场变化、价格波动、技术进步等多个因素，对未来的成本水平进行更加精准的预测。同时，智能化技术还可以根据预测结果，帮助企业制定合理的成本预算，确保企业在生产经营过程中能够保持合理的成本水平。

　　其次，在成本分析和控制方面，智能化技术也发挥着重要作用。通过对成本数据的深入挖掘和分析，智能化技术可以帮助企业发现成本结构中的不合理之处和潜在的成本节约空间。例如，通过对比分析不同生产环节的成本数据，企业可以找出生产过程中的瓶颈和低效环节，进而采取相应的改进措施，降低生产成本；智能化技术还可以通过对成本数据的实时监控，及时发现成本异常和浪费现象，提醒企业及时进行调整和优化。

　　最后，智能化技术在成本分析中的应用还体现在决策支持方面。通过对成本数据的全面分析和处理，智能化技术可以为企业提供丰富的决策信息。例如，在投资决策中，智能化技术可以帮助企业评估不同投资项目的成本效益和风险水平，为企业选择合适的投资项目提供有力支持。在产品设计和生产过程中，智能化技术可以分析不同设计方案和生产工艺的成本差异，帮助企业选择成本最优的方案，提高产品的竞争力和市场占有率。

　　然而智能化技术在成本分析中的应用也面临一些挑战和限制。数据的质量和完整性对智能化技术的应用至关重要。如果数据存在缺失、错误或不一致等问题，将直接影响智能化技术的分析结果和准确性。因此在应用智能化技术进行成本分析时，企业需要确保所使用的数据经过了严格的清洗和验证。智能化技术的应用需要企业具备一定的技术能力和专业知识。企业需要了解智能化技术的原理和应用方法，以便能够正确解读分析结果并制定相应的成本管理策略。智能化技术的更新迭代速度较快，企业需要不断学习并更新知识，以适应技术的发展和应用场景的变化。

　　尽管存在这些挑战，但智能化技术在成本分析中的应用前景仍然广阔。随着技术的不断进步和应用场景的不断拓展，智能化技术将在成本分析中发挥更加重要的作用。未来，智能化技术将提供更加全面、精准的成本分析工具和方法，帮助企业更好地掌握成本构成和变化趋势、优化成本结构、提高经济效益。

值得注意的是，智能化技术在成本分析中的应用并非完全替代传统方法，而是对传统方法的补充和完善。虽然智能化技术能够提供更加客观、精准的分析结果，但企业在决策过程中仍需要结合自身的经验和判断，对分析结果进行综合考虑。同时，企业还需要关注智能化技术的局限性和潜在风险，避免因技术缺陷或误用而导致成本分析失真或决策失误。

智能化技术在成本分析中的应用为企业提供了更加精准、高效的成本管理工具和方法。通过实现成本数据的深度挖掘和处理、成本预测和预算制定、成本分析和控制以及决策支持等方面的应用，智能化技术有助于企业更好地掌握成本构成和变化趋势、优化成本结构、提高经济效益。然而在应用智能化技术进行成本分析时，企业需要关注数据质量、技术能力和潜在风险等问题，以确保技术的有效应用和合规性。随着技术的不断进步和应用场景的不断拓展，智能化技术在成本分析中的应用将更加深入和广泛，为企业的财务管理和决策提供有力支持。

二、智能化技术对成本控制流程的影响

在企业的财务管理中，成本控制流程是确保资源有效利用、实现经济效益最大化的关键环节。随着智能化技术的迅猛发展，其在成本控制流程中的应用日益深入，为企业带来了前所未有的变革。

智能化技术通过其强大的数据处理能力和算法模型，能够实现对成本控制流程的智能化改造。传统的成本控制流程往往依赖于人工操作和经验判断，效率低下且容易出错；而智能化技术则能够通过自动化、实时化的数据处理和分析，提高成本控制流程的效率和准确性。通过智能算法的应用，企业可以实现对成本数据的实时监控和预测，及时发现成本控制中的问题和风险，为管理者提供决策支持。

智能化技术对成本控制流程的影响首先体现在数据的收集和处理上。传

统的成本控制流程往往依赖于手工录入和汇总成本数据，这种方式不仅效率低下，而且容易出错；而智能化技术则可以通过自动化数据采集和处理系统，实现对成本数据的实时、准确收集和处理。这些系统能够自动从各个业务部门和系统中获取成本数据，并进行清洗、整合和分析，为成本控制提供全面、准确的数据支持。

其次，在成本控制决策方面，智能化技术也发挥着重要作用。传统的成本控制决策往往基于经验判断或简单的数据分析，难以全面考虑各种因素；而智能化技术则可以通过构建复杂的成本预测模型和优化算法，综合考虑市场需求、产能变化、价格波动等多种因素，为成本控制决策提供科学、合理的依据。这些模型和算法能够分析不同成本控制策略的效果和风险，帮助企业选择最优的成本控制方案，实现成本最小化和效益最大化。

最后，智能化技术还可以优化成本控制流程中的各个环节。通过自动化和智能化的处理，企业可以简化烦琐的手工操作、减少人为干预和误差，从而提高成本控制流程的效率和准确性。例如，智能化技术可以应用于采购管理、库存管理、生产调度等各个环节，通过实时监控和预测成本变化，实现资源的优化配置和成本的精准控制。

然而智能化技术对成本控制流程的影响也带来了一些新的挑战和问题。企业需要投入大量的资金和人力资源来建设和维护智能化系统，这对一些规模较小或资金有限的企业来说可能是一个负担。智能化技术的应用需要企业具备相应的技术能力和人才支持，否则可能无法充分发挥其优势。智能化技术也可能带来数据安全和隐私保护等方面的问题，企业需要加强数据管理和安全防护措施，确保成本控制流程的安全性和稳定性。

尽管存在这些挑战和问题，但智能化技术对成本控制流程的影响仍然具有广阔的前景和潜力。随着技术的不断进步和应用场景的不断拓展，智能化技术将更好地满足企业对成本控制的需求，提供更加高效、精准的成本控制解决方案。同时，随着企业对智能化技术认识和应用的深入，相信这些挑战和问题也将逐渐得到克服和解决。

在智能化技术的推动下，成本控制流程将变得更加智能化、自动化和实时化。企业将实现对成本数据的全面、准确掌握，对成本控制策略的科学、合理制定，以及对成本控制流程的持续优化和改进。这将有助于企业降低成本、提高效益，增强市场竞争力，实现可持续发展。

总之，智能化技术对成本控制流程的影响深远而广泛。通过智能化技术的应用，企业可以实现对成本控制流程的智能化改造和优化、提高成本控制的效率和准确性、降低企业成本、增强市场竞争力。然而在应用智能化技术时，企业也需要关注技术投入、人才支持以及数据安全等问题，以确保智能化技术的顺利应用和成本控制流程的稳定运行。未来，随着智能化技术的不断发展和完善，相信其在成本控制流程中的应用将更加深入和广泛，为企业带来更多的机遇和挑战。

三、智能化技术在内部运营效率提升中的作用

在全球化竞争日益激烈的商业环境中，企业内部运营效率的提升对于增强企业核心竞争力至关重要。智能化技术以其独特的优势，正在逐渐成为推动企业内部运营效率提升的重要力量。

智能化技术通过引入先进的信息系统和自动化工具，优化了企业内部运营的各个环节。从供应链管理到生产流程，从财务管理到人力资源配置，智能化技术都发挥着不可或缺的作用。通过实时数据采集和分析，智能化技术帮助企业精准把握运营状况，及时发现问题并采取措施，从而提升运营效率。

在供应链管理方面，智能化技术通过应用物联网、大数据等技术，实现了对供应链各环节的实时监控和智能调度。企业可以实时掌握原材料采购、库存状况、物流运输等信息，优化库存水平和配送路径，降低库存成本和运输成本。同时，智能化技术还能预测市场需求和供应链风险，帮助企业提前做好应对措施，确保供应链的稳定性和高效性。

在生产流程方面，智能化技术的应用实现了生产过程的自动化和智能化。通过引入机器人、自动化生产线等智能设备，企业可以降低对人工的依赖，提高生产效率和产品质量。同时，智能化技术还能对生产过程进行

实时监控和数据分析，帮助企业及时发现生产瓶颈和异常，优化生产计划和资源配置。

在财务管理方面，智能化技术通过构建智能财务系统，实现了财务数据的自动化处理和智能分析。企业可以实时掌握财务状况和经营成果，提高财务决策的准确性和时效性。同时，智能化技术还能帮助企业预测财务风险和机会，为企业的战略规划和投资决策提供有力支持。

在人力资源配置方面，智能化技术通过应用人工智能技术，实现了对人力资源的智能评估和优化配置。企业可以通过智能分析员工的绩效、能力和潜力，制定更加精准的人才培养和激励政策。同时，智能化技术还能帮助企业预测人力资源需求和变化，提前做好人力资源规划和调配工作，确保企业的人力资源与业务需求相匹配。

智能化技术在内部运营效率提升中的作用不仅体现在以上几个方面，还体现在其对企业决策支持能力的提升上。智能化技术通过大数据分析和机器学习算法，能够为企业提供丰富的决策信息和建议。企业可以利用智能化技术对市场趋势、竞争对手、客户需求等进行深入分析，制定更加科学、合理的战略规划和业务决策。同时，智能化技术还能帮助企业实现决策过程的自动化和智能化，提高决策效率和准确性。

然而智能化技术在内部运营效率提升中的作用并非一蹴而就。企业在应用智能化技术时，需要充分考虑自身的业务特点、技术基础和组织结构等因素，来制定合适的应用策略和实施计划。同时，企业还需要加强员工的培训和教育，提高员工对智能化技术的认识和应用能力。企业还需要关注智能化技术的更新迭代和安全性问题，确保技术的先进性和稳定性。

尽管存在这些挑战和限制，但智能化技术在内部运营效率提升中的作用仍然是不可忽视的。随着技术的不断进步和应用场景的不断拓展，智能化技术将在企业内部运营中发挥越来越重要的作用。未来，智能化技术将为企业带来更加高效、精准的内部运营解决方案，推动企业实现持续、稳健的发展。

总之，智能化技术在内部运营效率提升中发挥着重要作用。通过优化供应链管理、生产流程、财务管理和人力资源配置等环节，智能化技术能够帮助企业提高运营效率和质量、降低成本和风险。同时，智能化技术还为企业提供了强大的决策支持能力，帮助企业制定科学、合理的战略规划和业务决策。然而在应用智能化技术时，企业需要充分考虑自身情况和技术特点，制定合适的应用策略和实施计划，并关注技术的更新迭代和安全性问题。随着技术的不断发展和完善，相信智能化技术将在企业内部运营中发挥更加重要的作用，推动企业实现更高效、更智能的运营管理模式。

四、智能化技术对内部运营决策支持的影响

在信息化与智能化浪潮的推动下，企业内部运营决策逐渐从经验导向转向数据驱动，智能化技术在这一转变过程中发挥着举足轻重的作用。它不仅能够提供海量、实时的数据支持，还能够通过高级算法对数据进行深度挖掘和分析，为决策者提供更为精准、科学的决策依据。

智能化技术显著提升了内部运营决策的效率和准确性。传统的决策过程往往依赖于人工收集和分析数据，不仅耗时耗力，而且容易受到人为因素的影响；而智能化技术通过自动化、智能化的数据处理系统，能够实时收集、整理和分析运营数据，为决策者提供及时、准确的信息支持。这使得决策过程更为高效，同时减少了人为错误和偏差。

智能化技术还增强了内部运营决策的预见性和前瞻性。通过大数据分析和预测模型，智能化技术能够揭示数据背后的潜在规律和趋势，帮助决策者预见未来的市场变化和业务风险。这使得企业能够在竞争激烈的市场环境中提前做出反应，抓住机遇或规避风险，从而保持竞争优势。

在决策优化方面，智能化技术同样发挥着重要作用。通过构建复杂的优化模型和算法，智能化技术能够在众多可能的决策方案中选择出最优解。这些模型和算法考虑了多种因素，包括成本、效益、风险、资源等，以确保决策结果符合企业的整体战略目标和利益。

智能化技术还促进了内部运营决策的透明化和可追溯性。通过记录和分析决策过程中的数据和算法，企业可以清晰地了解决策的依据和逻辑，从而

增强决策的公信力和说服力。同时，这也为企业提供了改进和优化决策流程的依据，推动内部运营决策不断向更高水平发展。

然而智能化技术对内部运营决策支持的影响并非全然积极。一方面，智能化技术的引入可能导致数据依赖过度，忽视了非数据因素的作用；另一方面，高度自动化的决策过程可能削弱决策者的主观能动性和创造性，导致决策结果过于机械和僵化。因此在利用智能化技术进行内部运营决策时，企业需要保持警惕，避免过度依赖技术而忽视人的因素。

同时，智能化技术的安全性问题也不容忽视。由于决策支持系统通常涉及大量的敏感数据和关键信息，因此必须采取严格的安全措施来保护这些数据和信息免受泄露和攻击。智能化技术的稳定性和可靠性也是影响内部运营决策的重要因素，企业需要确保决策支持系统能够在各种复杂环境下稳定运行，提供准确、及时的决策支持。

尽管存在这些挑战和风险，但智能化技术对内部运营决策支持的影响仍然是积极的、正面的。随着技术的不断进步和应用场景的不断拓展，智能化技术将更好地满足企业对决策支持的需求，提供更加高效、精准、科学的决策方案。

未来，随着人工智能、大数据等技术的进一步发展，智能化技术将在内部运营决策中发挥更加重要的作用。它将不仅能够提供更为丰富、深入的数据分析和预测能力，还能够支持更为复杂、精细的决策模型和算法。这将使得企业内部运营决策更加科学、合理和高效，为企业的发展提供更为坚实的支撑。

总之，智能化技术对内部运营决策支持的影响深远而广泛。它提升了决策效率和准确性、增强了决策的预见性和前瞻性、优化了决策过程，并促进了决策的透明化和可追溯性。然而在应用智能化技术进行内部运营决策时，企业也需要注意避免过度依赖技术、保障数据安全和系统稳定等问题。未来，随着技术的不断进步和应用场景的不断拓展，智能化技术将在内部运营决策中发挥更加重要的作用，为企业带来更加高效、精准的决策支持。

第六节　智能化技术对利润分配决策的影响

利润分配决策作为企业财务管理的重要组成部分，直接关联着企业的可持续发展、股东权益保护以及市场信誉。在智能化浪潮的推动下，利润分配决策正迎来前所未有的变革。

智能化技术的应用为利润分配决策提供了更为精准的数据支持和科学的决策模型。借助大数据分析和机器学习等技术，企业能够全面、深入地了解自身的盈利状况、现金流情况以及未来发展潜力，从而为利润分配提供坚实的决策基础。智能化技术还能帮助企业预测未来的市场变化和竞争态势，为利润分配策略的制定提供前瞻性指导。

此外，智能化技术还能优化利润分配决策的流程，提高决策效率。传统的利润分配决策往往涉及多个部门和复杂的计算过程，决策周期长且容易出错；而智能化技术通过自动化、智能化的数据处理和分析，能够简化决策流程、减少人为干预、降低决策成本、提高决策效率和准确性。

然而智能化技术在利润分配决策中的应用也面临一些挑战。数据的质量和可靠性对决策结果具有重要影响。企业需要确保所采集的数据真实、完整、准确，否则可能导致决策失误。智能化技术的应用需要企业具备一定的技术能力和人才储备。企业需要加强技术研发和人才培养，提高员工的技术水平和应用能力。利润分配决策还涉及法律法规和公司治理等方面的要求，企业需要确保智能化技术的应用符合相关法律法规和公司治理原则。

智能化技术对利润分配决策的影响深远而重大。随着技术的不断进步和应用场景的不断拓展，智能化技术将在利润分配决策中发挥更加重要的作用。企业应积极拥抱智能化技术，加强技术研发和人才培养，完善利润分配决策流程和模型，以应对日益复杂多变的市场环境，实现企业的可持续发展。

一、智能化技术在利润分配政策制定中的应用

智能化技术通过大数据分析，帮助企业全面掌握盈利状况、资金流动以

及股东结构等信息。通过对历史数据的挖掘和分析，智能化技术能够揭示出企业盈利的周期性、波动性以及增长趋势等特征，为利润分配政策的制定提供有力的数据支持。同时，智能化技术还能够实时监测企业的资金流动情况，确保利润分配政策的实施不会对企业的正常运营产生负面影响。

在预测模型方面，智能化技术利用机器学习、深度学习等算法，构建出能够预测企业未来盈利状况的模型。这些模型通过不断学习历史数据中的规律和模式，能够对企业未来的盈利状况做出较为准确的预测。基于这些预测结果，企业可以更加科学地制定利润分配政策，平衡股东利益和企业发展需求。

优化算法在利润分配政策制定中也发挥着重要作用。通过构建复杂的优化模型，智能化技术能够在满足股东利益、企业发展以及法律法规等多方面约束条件的前提下，求出最优的利润分配方案。这些优化算法不仅考虑了利润分配的比例和方式，还综合考虑了企业的长期发展战略、市场竞争环境以及资本成本等因素，确保利润分配政策既符合企业的实际情况，又能够最大限度地提升企业的整体价值。

智能化技术还能够帮助企业实现利润分配决策的透明化和可追溯性。通过记录和分析决策过程中的数据和算法，企业可以清晰地了解利润分配决策的依据和逻辑，避免出现人为干预或决策失误的情况。同时，这也为企业的内部监督和外部审计提供了便利，增强了利润分配决策的公信力和说服力。

然而智能化技术在利润分配政策制定中的应用也面临一些挑战和限制。数据的质量和准确性直接影响到智能化技术的应用效果。如果数据存在错误或偏差，那么基于这些数据制定的利润分配政策可能也存在问题。因此企业需要加强数据管理和质量控制，确保数据的准确性和可靠性。智能化技术的应用需要企业具备一定的技术能力和人才支持。如果企业缺乏相关技术和人才的储备，那么可能无法充分发挥智能化技术在利润分配政策制定中的作用。因此企业需要加强技术培训和人才引进，提升企业的技术水平和人员素质。

尽管存在这些挑战和限制，但智能化技术在利润分配政策制定中的应用前景仍然十分广阔。随着技术的不断进步和应用场景的不断拓展，智能化技术将更加深入地参与到利润分配政策的制定过程中，为企业提供更加高效、精准、科学的决策支持。未来，智能化技术将在利润分配政策制定中发挥更加重要的作用，推动企业实现更加合理、公平的利润分配，为企业的长期发展和资本市场的稳定做出贡献。

　　总之，智能化技术在利润分配政策制定中的应用具有重要的意义和价值。通过大数据分析、预测模型以及优化算法等工具的应用，智能化技术能够帮助企业全面掌握盈利状况、预测未来盈利趋势并制定出更加科学、合理的利润分配政策。同时，智能化技术还能够提升利润分配决策的透明度和可追溯性，增强决策的公信力和说服力。然而在应用智能化技术时，企业也需要注意数据质量、技术能力和人才支持等问题，以确保智能化技术充分发挥其作用。未来，随着技术的不断发展和完善，相信智能化技术在利润分配政策制定中的应用将更加广泛和深入，为企业带来更加高效、精准的决策支持。

二、智能化技术对利润分配方案优化的影响

　　在财务决策中，利润分配方案的优化是确保企业资本结构合理、股东权益平衡以及企业持续稳健发展的关键一环。随着智能化技术的深入应用，其对于利润分配方案优化的影响日益显著。智能化技术通过其强大的数据处理能力、精准的分析预测功能以及高效的优化算法，为利润分配方案的制定与实施提供了全新的视角和解决方案。

　　智能化技术通过大数据分析，能够深入挖掘企业的历史财务数据、市场变动信息以及股东行为特征等多维度信息。这些数据经过智能化技术的处理和分析，可以揭示出利润分配方案与企业发展、市场环境以及股东利益之间的深层次关系。基于这些分析结果，企业能够更加准确地评估不同利润分配方案对企业长期发展的影响，从而选择出最优的分配方案。

　　智能化技术还具备预测未来市场趋势和股东行为的能力。通过构建先进的预测模型，智能化技术能够基于当前的市场环境、经济形势以及政策变化等因素，预测未来一段时间内企业的盈利状况、股东需求以及资本市场反应等关键信息。这些预测结果可以为利润分配方案的制定提供有力的决策支持，

帮助企业提前做出调整和优化，以适应未来市场的变化。

在优化算法方面，智能化技术通过构建复杂的数学模型和算法，能够在满足多种约束条件的前提下，求出最优的利润分配方案。这些约束条件可能包括企业的资本结构要求、股东的收益期望、税收政策以及法律法规等。智能化技术通过不断迭代和优化算法，能够找到在满足这些约束条件的同时，企业价值和股东利益最大化的利润分配方案。

智能化技术还能够提升利润分配方案的透明度和可追溯性。通过记录和分析决策过程中的数据和算法，企业可以清晰地了解利润分配方案制定的依据和逻辑，增强方案的公信力和说服力。同时，这也为企业内部监督和外部审计提供了便利，有助于提升企业的治理水平和形象。

然而智能化技术对利润分配方案优化的影响并非全然积极。一方面，过度依赖智能化技术可能导致决策过程中的主观性和创造性被削弱，使得利润分配方案过于机械和僵化；另一方面，智能化技术的应用也可能带来数据安全和隐私保护等方面的问题，对此需要企业加强技术防范和管理措施。

因此在利用智能化技术优化利润分配方案时，企业需要保持理性思考和审慎态度：既要充分利用智能化技术的优势，提升决策效率和准确性；又要避免过度依赖技术，保持决策过程中的主观性和创造性。同时，企业还需要加强数据管理和安全防护工作，确保智能化技术的应用不会对企业的信息安全和隐私保护造成威胁。

随着技术的不断进步和应用场景的不断拓展，智能化技术在利润分配方案优化中的应用将更加广泛和深入。未来，智能化技术将为企业带来更加高效、精准、科学的利润分配方案优化方法，推动企业的财务决策更加合理、公平和可持续。

总之，智能化技术对利润分配方案优化的影响深远而广泛。它通过大数据分析、预测模型以及优化算法等手段，为利润分配方案的制定与实施提供了全新的视角和解决方案。然而在应用智能化技术时，企业也需要注意平衡技术的优势与潜在风险，确保利润分配方案的制定既科学又合理。未来，随着技术的不断发展和完善，相信智能化技术将在利润分配方案优化中发挥更加重要的作用，为企业带来更加高效、精准的决策支持。

三、智能化技术在利润分配决策支持中的作用

在财务决策的复杂体系中，利润分配决策占据着举足轻重的地位。此决策不仅关系到企业的资金流动和资本结构，更直接影响到股东的利益分配以及企业的长远发展。随着智能化技术的不断发展，其在利润分配决策支持中的作用日益凸显，为企业的财务决策提供了更为科学、高效的工具和方法。

智能化技术在利润分配决策支持中的作用首先体现在对海量数据的处理和分析上。利润分配决策需要综合考虑企业的财务数据、市场状况、股东结构等多方面的信息。传统的数据处理方式往往难以应对如此庞大且复杂的数据集，而智能化技术则能够通过大数据处理和分析技术，实现对这些数据的快速、准确提取和深度挖掘。这不仅提高了数据处理的效率，更为利润分配决策提供了更为全面、细致的数据支持。

其次，智能化技术通过构建预测模型，为利润分配决策提供了前瞻性的指导。预测模型能够基于历史数据和当前市场状况，预测企业未来的盈利能力和现金流状况，从而为企业制定更为合理的利润分配方案提供依据。这种前瞻性的指导有助于企业在市场变化中迅速做出反应、优化利润分配决策，以应对潜在的风险和机遇。

再次，智能化技术还通过优化算法的应用，为利润分配决策提供了更为精准的解决方案。优化算法能够在满足多种约束条件的前提下，寻找出最优的利润分配方案。这些约束条件可能包括企业的资金流动性要求、股东的收益期望、法律法规的限制等。通过优化算法的应用，企业能够在满足保障这些约束条件的同时，实现利润分配的最大化，从而确保企业的财务稳健和股东的利益。

最后，智能化技术在利润分配决策支持中的作用还体现在其对于决策流程的改进和优化上。传统的利润分配决策往往依赖于决策者的经验和直觉，存在一定的主观性和不确定性；而智能化技术则能够通过自动化的决策支持系统，实现对决策流程的标准化和规范化，减少人为因素的干扰，提高决策

的准确性和一致性。

尽管智能化技术在利润分配决策支持中发挥了重要作用，但也必须清醒地认识到其潜在的风险和挑战。一方面，过度依赖智能化技术可能导致决策过程中的主观性和创造性丧失，使得决策结果过于机械和僵化；另一方面，智能化技术的安全性和稳定性也是需要关注的问题。如果决策支持系统受到攻击或出现故障，可能会对利润分配决策造成严重影响。

因此在利用智能化技术进行利润分配决策支持时，企业需要保持理性思考和审慎态度，既要充分利用智能化技术的优势，提高决策效率和准确性；又要避免过度依赖技术，保持决策过程中的主观性和创造性。同时，还需要加强技术安全管理和风险控制，确保智能化技术在利润分配决策支持中的稳健运行。

未来，随着智能化技术的不断发展和完善，其在利润分配决策支持中的作用将更加突出。可以期待更多先进的智能化技术被应用于利润分配决策中，为企业提供更为高效、精准、科学的决策支持。同时，也需要关注智能化技术的新发展和新应用，不断探索其在利润分配决策支持中的新方法和新途径。

总之，智能化技术在利润分配决策支持中发挥着重要作用。通过数据处理和分析、预测模型构建、优化算法应用以及改进决策流程等手段，智能化技术为企业的利润分配决策提供了更为科学、高效的工具和方法。然而在利用智能化技术时，也需要关注其潜在的风险和挑战，确保其在利润分配决策支持中的稳健运行。未来，随着技术的不断进步和应用场景的不断拓展，智能化技术将在利润分配决策支持中发挥更加重要的作用。

四、智能化技术对利润分配风险管理的影响

在企业的财务决策中，利润分配风险管理是一项至关重要的任务。利润分配不仅关系到企业的资金流动性、股东权益，更直接影响到企业的声誉和可持续发展。随着智能化技术的快速发展和广泛应用，其在利润分配风险管理中的作用日益凸显，为企业提供了更为高效、精准的风险管理手段。

首先，智能化技术通过大数据分析和预测模型，实现了对利润分配风险

的实时监控和预警。传统的风险管理方式往往依赖于人工的定期检查和经验判断，难以实现对风险的及时识别和应对；而智能化技术则能够通过实时采集和处理企业的财务数据、市场变动信息以及股东行为数据等，构建出精确的风险预测模型。这些模型能够自动识别出利润分配过程中可能出现的风险点，并在风险发生前进行预警，从而为企业争取足够的时间来制定相应的风险应对措施。

其次，智能化技术能够帮助企业实现利润分配风险的量化和评估。通过对历史数据的挖掘和分析，智能化技术能够揭示出利润分配风险的发生规律、影响因素以及潜在损失等关键信息。基于这些信息，企业可以构建出相应的风险评估模型，对利润分配风险进行量化和评级。这不仅有助于企业更加清晰地了解利润分配风险的全貌，还为企业制定针对性的风险管理策略提供了依据。

最后，智能化技术还能够优化企业的利润分配决策流程，降低决策过程中的风险。传统的决策流程往往存在信息不对称、决策效率低下等问题，容易导致利润分配决策失误和风险的产生；而智能化技术则能够通过自动化的数据处理和分析，减少人为因素的干扰，提高决策的准确性和效率。同时，智能化技术还能够实现决策流程的透明化和可追溯性，有助于企业在决策过程中及时发现和纠正潜在的风险点。

在强调智能化技术在利润分配风险管理中发挥重要作用的同时，还必须认识到其带来的风险和挑战。一方面，智能化技术的应用可能带来数据安全和隐私保护的问题。如果企业的数据被泄露或滥用，不仅可能导致利润分配风险的增加，还可能对企业的声誉和信誉造成严重影响。另一方面，智能化技术的预测和评估结果也可能存在一定的误差和不确定性，需要企业结合实际情况进行综合分析和判断。

因此在利用智能化技术进行利润分配风险管理时，企业需要保持谨慎和理性的态度，既要充分发挥智能化技术的优势，提高风险管理的效率和准确性；又要加强数据安全和隐私保护措施，确保企业的信息安全和声誉不受损害。同时，企业还需要结合自身的实际情况和业务特点，选择合适的智能化技术工具和方法，构建出符合自身需求的风险管理体系。

　　未来，随着智能化技术的不断发展和完善，其在利润分配风险管理中的应用将更加广泛和深入。我们期待更多的智能化技术被应用于利润分配风险管理中，为企业提供更加全面、高效、精准的风险管理解决方案。同时，随着企业对智能化技术认识的不断加深和应用经验的不断积累，相信企业能够更好地利用智能化技术来管理利润分配风险，实现企业的稳健发展和可持续增长。

　　总之，智能化技术对利润分配风险管理的影响深远而广泛。通过大数据分析、预测模型构建、风险评估以及决策流程优化等手段，智能化技术为企业提供了更为高效、精准的风险管理手段。然而在利用智能化技术时，企业也需要关注其潜在的风险和挑战，确保技术的应用能够真正为企业的利润分配风险管理带来实质性的提升。随着技术的不断进步和应用场景的不断拓展，相信智能化技术将在利润分配风险管理中发挥更加重要的作用，为企业的稳健发展和效益的可持续增长提供有力支持。

第七节　智能化技术对财务风险管理的优化

　　财务风险是企业经营过程中不可避免的风险之一，其管理和控制对于企业的稳健发展至关重要。随着智能化技术的广泛应用，财务风险管理的模式和方法正在发生深刻变革，智能化技术为财务风险管理的优化提供了强大的支持。

　　首先，智能化技术通过大数据分析和机器学习等技术手段，能够实现对财务风险的实时监测和预警。通过对海量数据的收集、处理和分析，智能化技术能够发现潜在的财务风险因素，及时发出预警信号，帮助企业提前采取措施进行风险防范和控制。

　　其次，智能化技术还能提供更为精准的财务风险评估模型。传统的财务风险评估往往依赖于有限的数据和人工经验，难以全面评估风险的大小和发生概率；而智能化技术通过构建复杂的数学模型和算法，能够综合考虑多种因素，对财务风险进行更为全面和准确的评估，为企业的风险决策提供有力支持。

最后，智能化技术还能优化财务风险管理的流程和方法。通过自动化、智能化的数据处理和分析，智能化技术能够简化管理流程、提高管理效率、降低管理成本。企业可以利用智能化技术建立财务风险数据库，实现风险信息的共享和协同，提高风险管理的整体效能。

企业在应用智能化技术进行财务风险管理时，需要综合考虑技术、人才、数据等多方面因素，确保技术的有效应用。同时，还需要加强风险文化的建设，提高全员的风险意识，形成风险管理的合力，共同推动企业的稳健发展。

一、智能化技术在财务风险识别中的应用

首先，智能化技术通过大数据分析和数据挖掘技术，能够实现对海量财务数据的深度处理和分析。传统的财务风险识别方法往往依赖于人工的定期检查和经验判断，不仅效率低下，而且难以覆盖所有的风险点；而智能化技术则能够自动采集、整合和处理企业的财务数据，通过算法模型对数据进行深度挖掘，发现潜在的风险因素和异常变动。这些风险因素和异常变动可能隐藏在庞大的数据集中，但智能化技术能够凭借其强大的处理能力，将这些风险因素和异常变动揭示出来，为企业的风险识别提供有力支持。

其次，智能化技术能够帮助企业实现财务风险的实时监控和预警。通过对财务数据的实时监测和分析，智能化技术能够及时发现异常情况，并在风险发生前发出预警。这种实时监控和预警的能力，使得企业能够在风险萌芽阶段就采取相应的措施，有效避免或减轻潜在损失。同时，智能化技术还能够根据历史数据和当前市场状况，预测未来可能出现的财务风险，为企业制定风险应对策略提供参考。

最后，智能化技术还能够优化财务风险的识别流程，提高识别效率和准确性。传统的财务风险识别流程往往烦琐复杂，需要耗费大量的人力和时间；而智能化技术则能够通过自动化的数据处理和分析，减少人为因素的干扰，提高识别流程的效率和准确性。同时，智能化技术还能够实现识别结果的可视化和可量化，使得企业能够更加清晰地了解财务风险的全貌，为风险应对

提供更为精准的依据。

　　尽管智能化技术在财务风险识别中发挥了重要作用，但也必须清醒地认识到其潜在的风险和挑战。一方面，智能化技术的应用需要大量的数据支持，如果数据质量不高或者存在偏差，可能会导致风险识别结果的不准确；另一方面，智能化技术的识别结果也可能受到算法模型本身的限制和数据缺陷的影响，存在一定的误差和不确定性。因此在利用智能化技术进行财务风险识别时，企业需要保持谨慎和理性的态度，结合实际情况进行综合分析和判断。

　　为了充分发挥智能化技术在财务风险识别中的优势，企业需要采取一系列措施来加强技术应用和风险管理。例如，企业需要建立完善的数据采集和整合机制，确保财务数据的准确性和完整性。企业需要选择合适的智能化技术工具和方法，根据自身的业务特点和风险状况进行个性化定制。同时，企业还需要加强对智能化技术的学习和培训，提高员工的技术应用能力和风险意识。

　　未来，随着智能化技术的不断发展和完善，其在财务风险识别中的应用将更加广泛和深入。我们期待更多先进的智能化技术被应用于财务风险识别中，为企业提供更加全面、高效、精准的风险识别解决方案。同时，随着企业对智能化技术认识的不断加深和应用经验的不断积累，相信企业能够更好地利用智能化技术来识别和管理财务风险，实现企业的稳健发展和效益的可持续增长。

　　总之，智能化技术在财务风险识别中的应用具有重要的现实意义和广阔的应用前景。通过大数据分析和数据挖掘技术，智能化技术能够实现对财务风险的全面、高效识别。然而在应用过程中也需要注意数据质量、算法模型等潜在风险和挑战。未来，随着技术的不断进步和应用场景的不断拓展，智能化技术将在财务风险识别中发挥更加重要的作用，为企业的财务安全和稳定运营提供有力保障。

二、智能化技术对财务风险评估的影响

　　财务风险评估是企业财务决策中不可或缺的一环，它有助于企业全面了解自身面临的财务风险，从而制定有效的风险应对策略。随着智能化技术的

不断发展，其在财务风险评估中的应用也日益广泛，为企业提供了更为精准、高效的评估手段。

首先，智能化技术通过运用大数据分析和机器学习算法，能够实现对财务风险的多维度、全面评估。传统的财务风险评估方法往往基于单一的财务指标或模型，难以全面反映企业的风险状况；而智能化技术则能够综合考虑企业的财务状况、市场环境、行业趋势等多种因素，构建出更为全面、准确的评估模型。这些模型能够深度挖掘数据中的潜在信息，揭示出风险发生的规律和趋势，为企业的风险评估提供更为科学的依据。

其次，智能化技术能够实现对财务风险的动态监测和实时评估。企业的财务风险状况是一个动态变化的过程，需要实时跟踪和评估。智能化技术能够实时采集和处理企业的财务数据和市场信息，对风险状况进行动态监测。同时，通过机器学习算法的应用，智能化技术还能够根据历史数据和当前市场状况，预测未来可能出现的财务风险，为企业提供预警和决策支持。

最后，智能化技术还能够提高财务风险评估的效率和准确性。传统的风险评估方法往往需要大量的人工操作和计算，效率低下且容易出错；而智能化技术则能够通过自动化的数据处理和分析，减少人为因素的干扰，提高评估的效率和准确性。同时，智能化技术还能够实现评估结果的可视化和可量化，使得企业更加直观地了解自身的风险状况，为应对风险提供更为精准的依据。

尽管智能化技术在财务风险评估中发挥了重要作用，但其应用也面临着一些挑战和限制。一方面，智能化技术的应用需要大量的数据支持，如果企业的数据质量不高或者数据量不足，可能会导致评估结果的不准确；另一方面，智能化技术的评估模型和方法还需要不断完善和优化，以适应不同行业和企业的需求。智能化技术的应用也需要考虑数据安全和隐私保护的问题，确保企业的信息安全和合规性。

因此在利用智能化技术进行财务风险评估时，企业需要综合考虑多种因素，制定合适的应用策略；企业需要加强数据管理和质量控制，确保评估所需的数据的准确性和完整性；企业需要选择合适的智能化技术工具和方法，根据自身的业务特点和需求进行定制化的应用。同时，企业还需要加强技术学习和人才培养，提高员工对智能化技术的理解和应用能力。

未来，随着智能化技术的不断发展和完善，其在财务风险评估中的应用将更加广泛和深入。可以期待更多先进的智能化技术被应用于财务风险评估中，为企业提供更加全面、精准、高效的评估解决方案。同时，随着企业对智能化技术认识的不断加深和应用经验的不断积累，相信企业能够更好地利用智能化技术来评估和管理财务风险，实现企业的稳健发展和效益的可持续增长。

总之，智能化技术对财务风险评估的影响深远而广泛。通过大数据分析和机器学习算法的应用，智能化技术能够实现对财务风险的多维度、全面评估，提高评估的效率和准确性。然而在应用过程中也需要注意数据质量、技术选择和数据安全等问题。未来，随着技术的不断进步和应用场景的不断拓展，智能化技术将在财务风险评估中发挥更加重要的作用，为企业的财务安全和稳定运营提供有力保障。

三、智能化技术在财务风险控制流程中的应用

财务风险控制是企业保障财务稳健运营的关键环节，而智能化技术的引入则为财务风险控制流程带来了革命性的变革。通过智能化技术的应用，企业能够实现对财务风险控制流程的自动化、智能化管理，提升风险控制效率，减少人为错误和漏洞。

在财务风险控制流程中，智能化技术首先应用于风险信息的识别与收集。传统的风险控制流程往往依赖于人工对财务数据进行筛选和分析，效率低下且易出错；而智能化技术通过运用大数据分析和机器学习算法，能够实现对海量数据的自动筛选、分类和识别，精准捕捉风险信号。这大大减少了人工操作的工作量，提高了风险识别的准确性和效率。

其次，智能化技术还能够在财务风险评估中发挥重要作用。通过构建风险评估模型，智能化技术能够对识别出的风险进行定量和定性分析，进而评估风险的大小、发生概率和影响程度。这为企业提供了科学、客观的风险评估依据，有助于企业制定针对性的风险控制措施。

再次，在风险控制策略的制定和执行阶段，智能化技术同样展现出其独特优势。智能化技术能够基于风险评估结果，自动生成风险控制建议或策略，为企业提供决策支持。同时，通过实时监控和预警系统，智能化技术能够对财务风险进行动态跟踪和监控，一旦发现异常情况，立即触发预警机制，确保企业能够及时响应并采取相应的风险控制措施。

最后，智能化技术还能够优化财务风险控制流程的管理和监控。通过自动化处理和控制流程，智能化技术能够减少人为干预和错误，提高风险控制流程的一致性和可靠性。同时，智能化技术还能够实现风险控制流程的透明化和可视化，使得企业能够更加清晰地了解风险控制流程的执行情况，为持续改进和优化提供有力支持。

尽管智能化技术在财务风险控制流程中的应用带来了诸多优势，但也需要注意其潜在的风险和挑战。一方面，智能化技术的应用需要大量的数据支持，如果数据质量不高或存在缺失，可能会导致风险控制流程的不准确或失效；另一方面，智能化技术的评估模型和方法可能存在一定的局限性和误差，需要企业在实际应用中不断调整和优化。

因此在利用智能化技术进行财务风险控制流程管理时，企业需要保持谨慎和理性的态度。企业需要确保数据的准确性和完整性，建立完善的数据采集、整合和验证机制。企业需要选择合适的智能化技术工具和方法，根据自身的业务特点和风险状况进行个性化定制。同时，企业还需要加强对智能化技术的学习和培训，提高员工的技术应用能力和风险意识。

未来，随着智能化技术的不断发展和完善，其在财务风险控制流程中的应用将更加广泛和深入。我们期待更多先进的智能化技术被应用于财务风险控制中，为企业提供更加全面、高效、精准的风险控制解决方案。同时，随着企业对智能化技术认识的不断加深和应用经验的不断积累，相信企业能够更好地利用智能化技术来优化风险控制流程、降低财务风险，从而实现企业的稳健发展和效益的可持续增长。

总之，智能化技术在财务风险控制流程中的应用具有重要的实践意义和广阔的应用前景。通过自动化、智能化的管理手段，智能化技术能够提升风险控制效率，减少人为错误和漏洞，为企业的财务稳健运营提供有力保障。然而在应用过程中也需要注意数据质量、技术选择和应用效果等问题。未来，随着技术的不断进步和应用场景的不断拓展，智能化技术将在财务风险控制流程中发挥更加重要的作用，为企业的财务安全和稳定运营提供有力支持。

四、智能化技术对财务风险管理决策支持的影响

在财务风险管理领域，决策支持是至关重要的一环。智能化技术的引入和应用，为企业的财务风险管理决策提供了强大的支持，使得决策过程更加科学、精准和高效。

首先，智能化技术通过大数据分析和数据挖掘技术，能够为企业提供全面的财务风险管理信息。传统的决策支持往往依赖于有限的数据和经验判断，难以把握风险的全貌；而智能化技术能够处理海量的财务数据和市场信息，通过算法模型对数据进行深度挖掘和分析，揭示出潜在的风险因素和趋势。这些丰富的信息为企业的风险管理决策提供了更为全面和深入的参考。

其次，智能化技术能够通过模拟和预测功能，为企业的风险管理决策提供前瞻性支持。通过对历史数据的分析和市场趋势的预测，智能化技术能够模拟出不同情境下的风险状况和发展趋势，帮助企业预测未来可能出现的风险和挑战。这种前瞻性的决策支持使得企业能够在风险发生前做好充分准备，制定相应的风险应对策略。

再次，智能化技术能够提供智能化的风险评估和建议。通过构建风险评估模型，智能化技术能够对企业的财务风险进行定量和定性评估，为决策者提供客观、准确的风险评估结果。同时，智能化技术还能够根据评估结果，自动生成风险应对建议和措施，为企业的风险管理决策提供有力的支持。

最后，智能化技术还能够优化财务风险管理决策的流程。传统的决策流程往往烦琐复杂，需要耗费大量的时间和人力；而智能化技术能够通过自动化的数据处理和分析，减少人为因素的干扰，提高决策流程的效率和准确性。同时，智能化技术还能够实现决策结果的可视化和可量化，使得决策者能够更加直观地了解决策的效果和影响，为后续的决策调整和优化提供依据。

尽管智能化技术对财务风险管理决策支持的影响显著，但其应用也面临着一些挑战和限制。智能化技术的应用需要大量的数据支持，如果企业的数据质量不高或者数据量不足，可能会影响决策支持的效果；智能化技术的决策支持模型和方法还需要不断完善和优化，以适应不同行业和企业的需求；智能化技术的应用也需要考虑数据安全和隐私保护的问题，确保企业的信息安全和合规性。

因此在利用智能化技术进行财务风险管理决策支持时，企业需要综合考虑多种因素，制定合适的应用策略。例如，企业需要加强数据管理和质量控制，确保决策支持所需数据的准确性和完整性。企业需要选择合适的智能化技术工具和方法，根据自身的业务特点和需求进行定制化的应用。同时，企业还需要加强技术学习和人才培养，提高员工对智能化技术的理解和应用能力。

未来，随着智能化技术的不断发展和完善，其在财务风险管理决策支持中的应用将更加广泛和深入。我们期待更多先进的智能化技术被应用于财务风险管理决策中，为企业提供更加全面、精准、高效的决策支持解决方案。同时，随着企业对智能化技术认识的不断加深和应用经验的不断积累，相信企业能够更好地利用智能化技术来优化风险管理决策流程，提高决策的质量和效率，为企业的稳健发展和效益的可持续增长提供有力保障。

总之，智能化技术对财务风险管理决策支持的影响深远而广泛。通过提供全面的风险管理信息、前瞻性的决策支持、智能化的风险评估和建议以及优化决策流程，智能化技术为企业的财务风险管理决策提供了强大的支持。然而在应用过程中也需要注意数据质量、技术选择、数据安全等问题。未来，随着技术的不断进步和应用场景的不断拓展，智能化技术将在财务风险管理决策中发挥更加重要的作用，为企业的财务安全和稳定运营提供有力支持。

第五章　智能化技术在企业内部控制及风险管理中的应用

企业财务管理工作是体现企业效益的有效手段，也是保证企业持续性发展的重要管理措施。在信息技术以及大数据等技术快速发展的今天，从财务预算管理到监督决策等各项操作，都有着明显的时代化特征，整体操作变得更加智能。为确保企业财务管理能够更加符合知识经济方面要求，需要做好资本结构以及风险管理等各方面调控工作，按照企业财务管理现状，制定出符合智能会计时代的财务管理方式方法，以便更好地为企业发展进行服务。

第一节　智能化技术对内部控制框架的影响

财务智能化发展是科技技术在企业应用中的重要体现，能够在有效提高财务工作开展效率以及准确度的同时，确保财务能够更好地参与到各项企业运营管控之中，能够将财务所具有的作用最大化地发挥出来，更好地为企业运营提供服务。为确保财务智能化的发展水平，企业需要按照智能化会计工作模式，更好地进行财务管理工作调整。财务人员需要通过对财务智能化技术进行合理使用、对企业业务进行综合考量与分析，确定企业业务线的具体不足，这样能够更好地为企业发展决策制定提供依据，能够有效促进企业金融和商业的融合。同时，需要利用智能化技术，对企业业务无法集中以及分散化问题进行有效处理，需要运用财务智能化手段，展开企业业务信息链接设置，帮助企业处理业务，更好地进行各项财务的管控，以便对企业发展形成有效推动，所以对智能化环境下的企业财务内部控制框架进行研究是极为必要的。

一、智能化时代对于企业财务管理的要求

大数据技术以及人工智能等技术的快速发展，为企业财务工作管理提供了新的思路以及工作策略，也对该项工作开展提出了更高的要求，强调财务管理模式需要适应时代以及智能化发展需求，能够更加符合企业财务管理需要，可以快速推动智能化财务管理模式建设，保证企业财务管理能力能够得到不断强化。需要对财务管理工作设置新的目标及方向，确保财务管理职能转型工作能够顺利实施，满足企业对于财务管理工作的各项需求。

在 5G 技术以及人工智能等技术的支持之下，企业整体发展模式开始出现转变，企业开始通过构建智能化运营模式的方式，保证自身的整体实力以及在行业中的地位，确保自己可以始终立于不败之地。在此环境中，对于企业财务管理工作提出了更高的要求，强调需要加大对财务管理智能化的转变力度，按照数字化企业以及智能化企业管理要求，提高财务管理工作的精准度以及服务水平，确保能够运用智能化平台与载体更好地展开数据收集以及财务分析等各项工作，保证数据收集范围更加广泛、整体财务分析精准度也不断提升，从而为企业各项决策实施创造出更加有利的环境。不仅管理人员需要适应智能化财务管控的各项需求，财务工作人员也需要加大对智能化相关技术的学习力度；需要树立起数据四维以及信息意识，能够更加专业地展开数据库以及数据信息推送等各项操作；可以按照企业的整体发展规划以及战略部署进行各项数据的分析研究，并为相关决策工作开展提供有效助力；能够更加深入地展开问题探讨，确定有效的解决方案，进而保证企业财务管理能力持续提升、管理智能化水平不断提高。

二、增加人员培训力度，保证管理工作价值

财务人员是进行财务管理工作的主要执行者，也是保证财务管理工作开展效果的重要因素，是推行智能化管控工作不可忽视的重要一环。强调企业需要进一步加大对专业性人员的培训力度，需要帮助财务人员明确企业整体发展情况以及各项财务管理内容，能够对智能化会计工作的开展情况以及信息化财务管理工作有更加清晰的认知，可以通过学习掌握正确的智能化财务管理方式方法，从而保证财务管理工作的开展效果。需要加大对财务管理人员电子信息技术培训力度，帮助他们掌握计算机的正确使用方法以及深度应用方式，避免出现以往使用较为表面的情况，导致软件作用和功能无法得到充分应用，从而丧失了相应价值。需要明确认识到，虽然在智能化环境中，传统财务核算模式已经得到有效简化，但决策以及监督等会计职能工作重要性也逐渐凸显出来，若要改变以往的财务管控模式，需要积极参与到对各项新知识的学习之中，做好理论知识以及实践技能的培训培养，加大管理型会计人才的培养力度，确保能够创造出一支综合素质过硬的财务管理团队，以便为管理工作高质量开展提供可靠人力资源方面支持。

三、完善财务共享服务体系，做好各类技术应用

企业在推动智能化转型过程中，需要对财务工作自身开展特点以及相应先进技术进行充分分析，根据企业的具体发展需求以及财务管理需要，展开财务共享服务中心建设，制定综合性以及控制性的发展建议，确保能够通过对网络信息技术的应用，展开远程的总部控制模式；确保能够利用财务共享服务中心对分支机构财务工作进行有效监督，根据具体工作需求以及人员安排情况，确定工作小组，设置薄弱环节专门工作组，按照查漏补缺的原则，加大相应管控力度，确保能够做好风险防范工作，实现对财务共享中心的合理使用。在对财务共享体系进行完善时，需要保证自身的控制能力，通过不断对控制能力进行增强的方式，做好服务中心的运营以及管控，对内外部资源进行有效整合，通过引导业务部门进行参与的方式，构建起财务、市场监

督以及税务等部门的有效沟通机制，通过定期开展会议协商以及例会制度等方式，确保各部门都能够参与到财务管控工作研究之中，改变以往单一由财务部门进行财务管理的局限模式，加大各部门在财务管控中的参与力度。需要将财务共享服务职能充分发挥出来，通过和各部门以及各领域进行有效配合的方式，构建起与企业实际需求相配套的财务共享服务机制以及服务流程，确保能够展开财务共享服务规范化建设，确保开展共享服务工作能够获得更大的成效。需要在体系建设以及应用过程中，不断总结经验，通过定期进行总结反思的方式，明确体系在建设以及执行过程中存在的各项问题，并以问题为引导逐步进行完善，确保最终的体系建设质量以及应用效果。

四、保证财业融合质量，提高各部门沟通水平

财业融合就是财务和业务的有机融合，强调需要按照业务、财务一体化的模式，展开会计管理工作，通过不断完善智能化环境的方法，确保财务智能化处理建设能够达到相应水平，打破业务和财务之间的界线；确保企业业务流程更加标准，达到和财务标准有效统一的目标；能够以企业发展为主要目标进行各项业务以及财务方面的规划管控，通过构建资源共享平台的方式，确保两者之间的融合能够达到理想状态，进而为企业创造出更大的价值。财务人员需要根据企业自身情况，对企业财务工作的开展流程以及企业现有条件等各项内容进行充分分析，需要利用技术手段，有效提高数据管控以及输出的精准度，确保各项数据的应用效果，保证其能够和业务有机融合在一起；能够根据财务指标对企业整体发展情况做出预估，以便更好地为经营者决策提供支持，帮助经营者掌握企业的整体发展现状以及今后发展趋势，以制定出更加符合企业情况的发展方案。

第二节　智能化技术在风险管理中的作用

智能化技术已经深入渗透到企业管理的各个领域，其中企业内部控制及风险管理便是其应用的重要一环。智能化技术以其独特的优势，为企业的风

险管理提供了全新的解决思路和方案。

一、智能化技术在风险识别中的应用

在企业的风险管理过程中,风险识别是首要且关键的一步。智能化技术的应用极大地提升了风险识别的效率和准确性,为企业风险管理提供了强有力的支持。

首先,智能化技术通过大数据分析和机器学习算法,能够实现对海量数据的快速处理和分析。企业运营过程中产生的各类数据,如财务数据、市场数据、供应链数据等,都可以被智能化技术所捕获和处理。通过对这些数据的深入挖掘和分析,智能化技术能够揭示出数据背后的潜在规律和趋势,从而帮助企业识别出潜在的风险因素。

其次,智能化技术能够实现对风险的实时监控和预警。传统的风险识别方法往往依赖于人工的定期检查和评估,这种方式不仅效率低下,而且容易遗漏重要的风险信息;而智能化技术则可以通过建立风险监控模型,实时监控企业的运营状况,一旦发现异常情况,便能够立即发出预警,提醒企业及时采取措施应对风险。

最后,智能化技术还能够提供智能化的风险识别工具和方法。例如,基于自然语言处理的文本分析工具可以自动从新闻报道、社交媒体等渠道中提取与风险相关的信息;基于图像识别的工具则可以用于识别生产过程中的安全隐患等。这些智能化的工具和方法大大扩展了风险识别的范围和深度,提高了风险识别的准确性和效率。

然而值得注意的是,虽然智能化技术在风险识别中发挥了重要作用,但它并不能完全替代人工的判断和经验。智能化技术所依赖的数据和算法可能存在局限性,有时难以覆盖所有的风险因素。因此在利用智能化技术进行风险识别的同时,企业还需要结合自身的实际情况和业务特点,进行综合性的分析和判断。

智能化技术的应用也对企业的风险管理流程和组织结构提出了新的要求。企业需要建立与智能化技术相适应的风险管理流程,包括数据的收集、处理、分析和应用等环节，以确保智能化技术能够充分发挥其作用。同时，企业还需要调整组织结构，培养具备数据分析和技术应用能力的专业人才，以支持智能化技术在风险管理中的应用。

虽然智能化技术在风险识别中发挥了重要作用，提高了风险识别的效率和准确性。但是企业在应用智能化技术时，也需要充分考虑其局限性和挑战，并结合自身的实际情况进行综合性的分析和判断。通过合理利用智能化技术，企业可以更加有效地识别和管理风险，保障企业的稳健运营和持续发展。

同时，随着技术的不断进步和应用场景的不断拓展，智能化技术在风险识别中的应用也在不断发展和完善。未来，更多创新性的智能化解决方案将在风险识别领域得到应用，为企业风险管理提供更加全面、高效和精准的支持。

智能化技术的应用也将推动企业风险管理理念和方法的创新。传统的风险管理方法往往侧重于事后应对和风险控制，而智能化技术的应用则使得风险管理更加注重事前预防和风险预测。通过实时监控和预警机制，企业可以在风险事件发生之前便采取相应的措施进行防范和应对，从而降低风险发生的概率和影响程度。

总之，智能化技术在风险识别中的应用为企业风险管理带来了革命性的变革。它提高了风险识别的效率和准确性，为企业提供了更加全面、高效和精准的风险管理支持。随着技术的不断进步和应用场景的不断拓展，有理由相信，智能化技术将在企业风险管理中发挥更加重要的作用，推动企业风险管理水平不断提升。

二、智能化技术在风险评估模型构建中的作用

在风险管理的流程中，风险评估模型的构建是至关重要的一环。智能化技术的引入和应用，不仅极大地提升了风险评估的精准性和效率，还为其模型构建带来了革命性的变革。

首先，智能化技术为风险评估模型的构建提供了强大的数据支持。风险评估模型的构建离不开大量的数据输入和分析，而智能化技术可以实现对各

类数据的自动采集、整合和预处理，极大地减轻了人工数据处理的负担。同时，智能化技术还可以利用大数据分析和机器学习算法，挖掘数据之间的潜在关联和规律，为风险评估模型的构建提供更为全面和准确的数据基础。

其次，智能化技术能够优化风险评估模型的算法和结构。传统的风险评估模型往往基于固定的算法和参数设置，难以适应复杂多变的风险环境；而智能化技术可以通过机器学习和深度学习等方法，自动调整和优化模型的算法和参数，使其更加适应实际风险情况。这不仅提高了风险评估模型的准确性和可靠性，还使得模型具有了更强的自适应性和灵活性。

最后，智能化技术还可以实现风险评估模型的动态更新和迭代。随着企业运营环境的变化和风险的演变，风险评估模型需要不断地进行更新和调整。智能化技术可以实时监测和分析风险数据的变化趋势，自动调整模型的参数和结构，确保模型始终保持最新的风险评估能力。这种动态更新和迭代的能力使得风险评估模型更加符合实际风险情况，提高了风险管理的效果和效率。

值得注意的是，尽管智能化技术在风险评估模型构建中发挥了重要作用，但仍然存在一些挑战和限制。例如，智能化技术对数据的质量和完整性要求较高，如果数据存在缺失或异常，可能会影响模型的准确性和可靠性；智能化技术的算法和模型也可能存在一定的局限性，需要不断地进行改进和优化。

因此在利用智能化技术构建风险评估模型时，企业需要充分考虑数据的来源和质量，确保数据的准确性和完整性。同时，还需要结合企业的实际情况和风险特点，选择合适的算法和模型进行构建。除此之外，企业还需要定期对模型进行验证和评估，确保其准确性和可靠性。

展望未来，随着智能化技术的不断发展和完善，风险评估模型的构建将更加智能化和自动化。可以期待更多先进的算法和模型被应用于风险评估中，为企业提供更加精准和高效的风险评估服务。同时，随着大数据和云计算等技术的普及和应用，风险评估模型的数据处理能力也将得到进一步提升，为企业的风险管理提供更加全面和深入的支持。

总之，智能化技术在风险评估模型构建中发挥了重要作用，为企业提供了更加精准和高效的风险评估工具和方法。然而在应用智能化技术时，企业也需要充分考虑其局限性和所面临的挑战，并结合实际情况进行选择和调整。通过合理利用智能化技术，企业可以构建出更加符合自身需求的风险评估模型，为风险管理提供更加全面和深入的支持。

三、智能化技术在风险控制策略制定中的应用

在风险管理的最终环节，风险控制策略的制定至关重要。智能化技术的引入，不仅为风险控制策略的制定提供了全新的视角和方法，还极大地提高了策略制定的效率和准确性。

首先，智能化技术能够通过数据分析和预测，帮助企业识别并评估潜在风险，为风险控制策略的制定提供有力支持。通过运用大数据分析和机器学习算法，智能化技术能够深入挖掘历史数据中的风险模式和规律，对未来的风险趋势进行精准预测。这种基于数据的预测分析，使得企业能够提前洞察风险，从而有针对性地制定风险控制策略，降低风险发生的概率。

其次，智能化技术能够提供智能化的风险控制工具和方法。传统的风险控制策略往往依赖于人工的决策和经验判断，存在主观性和不确定性；而智能化技术则可以通过建立风险决策支持系统，利用算法和模型进行自动化的风险分析和决策。这些智能化的工具和方法能够根据实时数据和风险情况，自动调整和优化风险控制策略，确保企业能够迅速应对风险事件，降低风险损失。

最后，智能化技术还能够实现风险控制策略的实时监控和动态调整。传统的风险控制策略往往是静态的，难以适应不断变化的风险环境；而智能化技术则可以通过建立风险监控预警系统，实时监测企业的风险状况，一旦发现异常情况，便能够立即触发预警机制，提醒企业及时调整风险控制策略。这种动态调整的能力使得企业的风险控制策略更加灵活和有效，能够更好地适应复杂多变的风险环境。

尽管智能化技术在风险控制策略制定中发挥了重要作用，但其应用也面临一些挑战和限制。一方面，智能化技术对数据的质量、完整性和实时性要求较高，如果数据存在问题，可能会影响风险控制策略的准确性和有效性；

另一方面，智能化技术的算法和模型可能存在一定的局限性和误差，需要不断地进行改进和优化。因此在应用智能化技术制定风险控制策略时，企业需要充分考虑数据的来源和质量，选择合适的算法和模型，并结合实际情况进行综合性的分析和判断。

智能化技术的应用也需要与其他风险管理手段相结合，形成综合性的风险管理体系。智能化技术虽然强大，但并不能完全替代传统的风险管理手段。企业应将智能化技术与其他风险管理手段相结合，如内部控制、内部审计等，共同构建完善的风险管理体系。

展望未来，随着技术的不断进步和应用场景的不断拓展，智能化技术在风险控制策略制定中的应用将更加广泛和深入。更多创新性的智能化解决方案将在风险控制领域得到应用，为企业提供更高效、更精准的风险控制策略制定支持。同时，随着企业对于风险管理要求的不断提高，智能化技术也将在风险控制策略制定中发挥更加重要的作用，推动企业风险管理水平不断提升。

总之，智能化技术在风险控制策略制定中的应用为企业提供了全新的视角和方法，提高了策略制定的效率和准确性。然而在应用智能化技术时，企业需要充分考虑其局限性和挑战，并结合实际情况进行选择和调整。通过合理利用智能化技术，企业可以制定出更加精准、有效的风险控制策略，为企业的稳健运营和持续发展提供有力保障。同时，随着技术的不断进步和应用场景的不断拓展，智能化技术在风险控制策略制定中的应用将具有更加广阔的发展前景和无限的可能性。

四、智能化技术在风险管理决策支持中的作用

在风险管理过程中，决策支持是至关重要的一环。智能化技术的引入，不仅为风险管理决策提供了强大的数据支持和分析能力，还通过智能化的决策支持系统，为企业的风险管理决策提供了科学的依据和有效的指导。

首先，智能化技术通过大数据分析和机器学习算法，能够实现对海量数据的深度挖掘和精准分析。这些数据可以包括企业的历史风险记录、市场趋

势、竞争对手情况等各个方面。通过对这些数据的综合分析，智能化技术能够帮助企业识别出潜在的风险因素，并预测其可能的发展趋势。这种基于数据的决策支持，使得企业的风险管理决策更加客观、准确和全面。

其次，智能化技术能够建立风险决策支持系统，通过模型计算和模拟分析，为企业提供多种风险管理方案的比较和选择。这些系统可以根据企业的风险偏好、承受能力和业务需求，自动生成相应的风险管理策略和建议。企业可以根据这些建议，结合自身的实际情况，制定出更加合理、有效的风险管理决策。

最后，智能化技术还能够提供实时的风险管理决策支持。传统的风险管理决策往往依赖于定期的报告和评估，这种方式存在时间滞后和信息不完整的问题；而智能化技术则可以通过实时监控和预警机制，及时捕捉风险事件的发生和变化，为企业的风险管理决策提供实时的数据和信息支持。这使得企业能够迅速响应风险事件，采取有效的措施进行应对，降低风险损失。

值得注意的是，虽然智能化技术在风险管理决策支持中发挥了重要作用，但其应用也需要结合企业的实际情况和需求进行定制化开发。不同的企业面临的风险类型和特点各不相同，需要根据企业的具体情况，选择合适的智能化技术和工具，构建符合企业需求的风险管理决策支持系统。

智能化技术也并非万能的，其决策支持作用仍然需要在人的主导下进行。智能化技术提供的数据分析和建议可以作为企业决策的重要参考，但最终的决策还需要结合企业的战略目标、经营环境和资源条件进行综合考虑。因此在利用智能化技术进行风险管理决策支持时，企业需要保持理性和审慎的态度，避免过度依赖技术而忽视人的主观能动性和经验判断。

未来随着技术的不断进步和应用场景的不断拓展，智能化技术在风险管理决策支持中的作用将更加突出。随着大数据、云计算、人工智能等技术的深入发展，智能化技术将能够处理更加复杂和庞大的数据，提供更加精准和全面的风险分析和预测。同时，随着企业对于风险管理要求的不断提高，智能化技术也将在风险管理决策支持中发挥更加核心的作用，为企业提供更加智能和高效的决策支持服务。

企业在应用智能化技术进行风险管理决策支持时，还需要注意防范潜在的风险和挑战。例如，数据安全和隐私保护是智能化技术应用中不可忽视的问题。企业需要建立完善的数据保护机制，确保数据的安全性和隐私性。智能化技术的算法和模型也可能存在一定的误差和不确定性，企业需要进行充分的验证和测试，确保其准确性和可靠性。

总之，智能化技术在风险管理决策支持中发挥了重要作用，为企业提供了科学、客观和全面的决策支持。然而在应用智能化技术时，企业需要结合实际情况进行选择和调整，并保持理性和审慎的态度。通过合理利用智能化技术，企业可以制定出更加合理、有效的风险管理决策，为企业的稳健运营和持续发展提供有力保障。同时，随着技术的不断进步和应用场景的不断拓展，智能化技术在风险管理决策支持中的应用将拥有更加广阔的发展前景和无限的潜力。

第三节　智能化技术对内部审计的影响

内部审计是企业内部控制体系的重要组成部分，其目标是评估和改进企业的风险管理、治理结构和业务流程。随着智能化技术的不断发展，内部审计领域正经历着深刻的变革。本节将探讨智能化技术对内部审计的影响，包括提高内部审计效率、增强内部审计准确性、改变内部审计方式以及提升内部审计价值等方面。

智能化技术的应用显著提高了内部审计的效率。传统的审计过程往往依赖于大量的人工操作和数据处理；而智能化技术通过自动化和智能化的工具，能够实现对数据的快速收集、整理和分析。这不仅减少了审计人员的工作负担，还缩短了审计周期，使得企业能够更及时地发现和解决问题。智能化技术还增强了内部审计的准确性。通过运用大数据分析和机器学习等技术，智能化系统能够深入挖掘数据中的潜在规律和关联，发现传统审计方法难以察觉的问题和风险。同时，智能化系统还能够减少人为因素对审计结果的影响，提高审计结论的客观性和可靠性。

更重要的是，智能化技术提升了内部审计的价值。通过提供更为全面、深入和准确的审计信息，智能化技术有助于企业更好地了解自身的风险状况和业务运营情况，为企业的战略决策和风险管理提供有力支持。同时，智能化技术还能够促进内部审计与其他部门的协同合作，共同推动企业的持续改进和发展。

智能化技术对内部审计产生了深远的影响，提高了审计效率、准确性和价值。然而在应用智能化技术的过程中，企业也需要关注其面临的挑战和问题，并采取有效措施加以克服和解决。

一、智能化技术在内部审计流程中的应用

内部审计作为企业内部控制和风险管理体系的重要组成部分，承担着对企业经营活动进行独立、客观评价和监督的职责。随着智能化技术的不断发展和应用，内部审计工作也面临着前所未有的变革。智能化技术的引入，不仅为内部审计提供了全新的工具和方法，还极大地提高了审计工作的效率和准确性。

智能化技术在内部审计流程中的应用，主要体现在以下几个方面。

一是审计数据收集与处理方面，传统内部审计工作往往依赖于手工收集和处理大量的财务数据和非财务数据，这一过程既耗时又易出错；而智能化技术通过大数据分析和数据挖掘技术，能够实现对海量数据的自动采集、整合和预处理，大大提升了数据收集的效率和质量。同时，智能化技术还能根据审计目标和需求，对数据进行智能筛选和分类，为审计人员提供更加精准和有针对性的数据支持。

二是风险评估与识别方面，智能化技术通过运用机器学习和模式识别算法，能够自动识别出财务数据中的异常模式和潜在风险点。这些算法能够基于历史数据和业务规则，构建出风险预测模型，对潜在风险进行实时预警和评估。这不仅提高了内部审计对风险的识别能力，还使得审计人员能够更早地发现并应对潜在风险，降低了企业的风险暴露水平。

三是审计分析与报告方面，智能化技术通过数据分析和可视化技术，能

够帮助审计人员快速分析数据背后的规律和趋势，揭示出潜在的问题和风险。同时，智能化技术还能自动生成审计报告和摘要，为审计人员提供了更加便捷和高效的报告输出方式。这些报告和摘要不仅包含了详细的数据分析和解释，还提供了针对性的建议和改进措施，为企业的风险管理和内部控制提供了有力的支持。

四是审计决策支持方面。传统的审计决策往往依赖于审计人员的经验和直觉，存在较大的主观性和不确定性；而智能化技术通过构建决策支持系统，能够利用算法和模型对审计问题进行深入分析和模拟，为审计人员提供科学、客观的决策依据。这些系统能够综合考虑各种因素，包括风险、成本、效益等，为审计人员制定出更加合理和有效的审计方案提供支持。

尽管智能化技术在内部审计流程中发挥了重要作用，但其应用也面临着一些挑战和限制。一方面，智能化技术的应用需要审计人员具备一定的技术能力和知识储备，否则可能无法充分发挥其优势。因此企业需要加强对审计人员的培训和教育，提高他们的技术素养和应用能力。另一方面，智能化技术也存在一定的局限性和误差率，需要审计人员在使用过程中谨慎评估和验证，确保审计结果的准确性和可靠性。

综上所述，智能化技术在内部审计流程中的应用为企业提供了全新的工具和方法，提高了审计工作的效率和准确性。然而在应用智能化技术时，企业需要充分考虑其局限性和挑战，并结合实际情况进行选择和调整。同时，企业还需要加强对审计人员的培训和教育，提高他们的技术素养和应用能力，以更好地发挥智能化技术在内部审计中的作用。

展望未来，随着智能化技术的不断发展和完善，其在内部审计中的应用将更加广泛和深入。我们期待更多先进的算法和模型被应用于内部审计中，为企业提供更加精准和高效的审计服务。同时，随着大数据、云计算等技术的普及和应用，内部审计的数据处理能力也将得到进一步提升，为企业的风险管理和内部控制提供更加全面和深入的支持。因此企业应积极关注智能化技术的发展动态，不断探索和创新其在内部审计中的应用方式和方法，以推动企业内部审计工作的不断发展和进步。

二、智能化技术在内部审计质量提升中的作用

随着企业业务规模的扩大和复杂性的增加,内部审计工作面临着日益严峻的挑战。传统的审计方法往往受限于人力、时间和资源,难以全面、深入地开展审计工作,从而影响了审计质量;而智能化技术的引入,为内部审计质量的提升提供了新的契机和解决方案。

智能化技术通过自动化和智能化的手段,能够极大地提高审计工作的效率和准确性,从而有助于提升审计质量。具体而言,智能化技术可以通过以下几个方面发挥作用。

首先,智能化技术能够实现对审计数据的自动化处理和分析。传统的审计工作往往需要大量的人工操作,包括数据的收集、整理、核对等,这些工作既烦琐又易出错;而智能化技术通过应用大数据、云计算等技术手段,能够实现对审计数据的自动化处理和分析,大大提高了审计工作的效率和准确性。审计人员可以更加专注于对数据的解读和分析,从而发现更多的问题和风险。

其次,智能化技术能够提供智能化的风险识别和预警机制。通过应用机器学习、自然语言处理等先进技术,智能化系统能够自动识别和分析企业经营活动中的风险点,及时发出预警信号。这有助于审计人员更加精准地定位风险,制定针对性的审计计划和策略,提高审计工作的针对性和有效性。

再次,智能化技术能够提供数据可视化和报告生成功能。通过可视化技术,审计人员可以将复杂的数据以直观、易懂的方式呈现出来,使得审计结果更加易于理解和接受。同时,智能化系统还可以自动生成详细的审计报告和摘要,减少了人工编写报告的工作量,提高了报告的质量和效率。

最后,在提升内部审计质量的过程中,智能化技术还发挥着优化审计流程的作用。传统的审计流程往往存在着烦琐、重复的环节,不仅浪费了时间和资源,还可能影响审计结果的准确性;而智能化技术可以通过优化审计流程,减少不必要的环节,提高审计工作的整体效率。例如,通过应用流程自动化工具,可以实现审计任务的自动化分配和跟踪,确保每个任务都能得到

及时有效的处理。

值得一提的是，智能化技术在提升内部审计质量的同时，也对审计人员的能力和素质提出了更高的要求。审计人员只有具备一定的技术素养和数据分析能力，才能充分利用智能化技术开展审计工作。因此企业需要加强对审计人员的培训和教育，提高他们的技术水平和应用能力，以更好地适应智能化审计的发展趋势。

展望未来，随着技术的不断进步和应用场景的不断拓展，智能化技术在内部审计质量提升中的作用将更加凸显。未来，更多先进的智能化技术将被应用于内部审计领域，如人工智能、区块链等，将为内部审计工作提供更加强大的支持和保障。同时，随着企业对于内部审计质量要求的不断提高，智能化技术也将在内部审计中发挥更加核心的作用，推动内部审计工作向更高水平发展。

尽管智能化技术在内部审计质量提升中具有巨大的潜力，但其在实际应用中仍面临一些挑战和限制。例如，数据安全和隐私保护问题、技术更新换代的成本问题以及智能化系统与现有业务流程的融合问题等，都需要企业在应用智能化技术时予以充分考虑和妥善解决。

总之，智能化技术在内部审计质量提升中发挥着重要作用，通过自动化、智能化手段提高了审计工作的效率和准确性、优化了审计流程，并为审计人员提供了更强大的支持和保障。然而在应用智能化技术时，企业需要充分考虑其挑战和限制，并结合实际情况进行选择和调整。通过合理利用智能化技术，企业可以不断提升内部审计质量，为企业的稳健运营和持续发展提供有力保障。

三、智能化技术对内部审计效率的影响

内部审计作为企业内部监督与风险管理的重要机制，其效率直接影响到企业运营管理的及时性和有效性。随着信息技术的迅猛发展和智能化技术的广泛应用，内部审计工作正迎来前所未有的变革。智能化技术不仅优化了审计流程，还显著提升了审计工作的效率，使内部审计能够更好地服务于企业

的战略目标。

在智能化技术的推动下，内部审计的数据处理能力得到了显著提升。传统的内部审计往往依赖于人工收集和整理大量的财务数据和非财务数据，这一过程耗时耗力且易出错；而智能化技术通过应用大数据分析和云计算等技术，实现了对海量数据的快速收集、整合和处理。审计人员可以通过智能化系统迅速获取所需数据，避免了烦琐的数据收集过程，从而大大减少了时间成本。

同时，智能化技术还通过自动化工具的应用，实现了审计任务的自动化分配和跟踪。传统的审计任务分配往往依赖于人工操作，容易出现任务分配不均、遗漏或重复等问题；而智能化系统可以根据审计人员的专业能力、工作负荷等因素，自动分配审计任务，确保任务分配的合理性和高效性。系统还能实时监控任务的进展情况，及时提醒审计人员完成任务，避免了因人为疏忽而导致的任务延误。

在审计分析方面，智能化技术也发挥了重要作用。传统的审计分析往往依赖于审计人员的经验和直觉，存在较大的主观性和不确定性；而智能化技术通过应用机器学习、数据挖掘等算法，能够对数据进行深入分析和挖掘，发现数据中的潜在规律和风险点。审计人员可以利用这些分析结果，更加精准地定位问题，制定针对性的审计策略，从而提高审计工作的针对性和有效性。

智能化技术还通过优化审计流程，进一步提升了审计效率。传统的审计流程往往存在环节烦琐、重复劳动等问题，导致审计效率低下；而智能化技术可以通过流程再造和流程优化，减少不必要的环节和重复劳动，使审计流程更加简洁高效。例如，通过应用流程自动化工具，可以实现审计文档的自动生成和归档，减少了人工编写和整理文档的工作量；通过应用智能识别技术，可以自动识别财务报表中的异常数据，减少了人工核对的工作量。

值得注意的是，智能化技术虽然提高了审计效率，但并非完全取代人工审计。智能化技术更多的是作为一种辅助工具，帮助审计人员更加高效地完成审计工作。审计人员仍然需要保持对数据的敏感性和对风险的洞察力，结合智能化技术的分析结果，进行深入的判断和分析。因此企业在应用智能化技术提升审计效率的同时，也需要加强对审计人员的培训和教育，提高他们的技术素养和数据分析能力，使其能够更好地适应智能化审计的发展趋势。

随着技术的不断进步和应用场景的不断拓展，智能化技术对内部审计效率的影响将更加显著。未来，更多先进的智能化技术将被应用于内部审计领域，如自然语言处理、图像识别等，为审计工作提供更加强大的支持和保障。同时，随着企业对于内部审计效率要求的不断提高，智能化技术也将在内部审计中发挥更加核心的作用，推动内部审计工作向更高水平发展。

企业在应用智能化技术提升内部审计效率时，还需要注意防范潜在的风险和挑战。例如，数据安全和隐私保护问题是智能化技术应用中不可忽视的重要方面。企业需要建立完善的数据保护机制，确保审计数据的安全性和隐私性。智能化技术的引入也可能带来一些新的风险点，如技术故障、数据误判等，企业需要加强风险管理和监控，确保智能化技术的稳定运行和有效应用。

智能化技术对内部审计效率的提升具有显著影响。通过优化数据处理、自动化任务分配、深入分析和优化审计流程等手段，审计工作的效率和质量显著提高。然而在应用智能化技术时，企业需要保持审慎和理性的态度，注意防范潜在风险和挑战。通过合理利用智能化技术，企业可以不断提升内部审计效率，为企业的稳健运营和持续发展提供有力保障。

四、智能化技术在内部审计风险管理中的应用

内部审计作为企业风险管理的关键组成部分，其核心任务在于识别、评估、应对及监控各类风险，以保障企业的稳健运营。随着信息技术的飞速发展，智能化技术正逐渐成为内部审计风险管理的有力工具，通过提升风险识别能力、优化风险评估模型以及加强风险监控与预警，为企业的风险管理提供了智能化支持。

在风险识别方面，智能化技术以其强大的数据处理和模式识别能力，为

审计人员提供了前所未有的便利。传统的风险识别方法往往依赖于审计人员的经验和直觉，容易受到人为因素的干扰，导致风险识别的遗漏或误判；而智能化技术通过大数据分析和机器学习算法，能够自动从海量数据中提取出关键信息，发现潜在的风险点。例如，通过自然语言处理技术，智能化系统可以自动分析企业的合同文本、财务报告等文件，识别出可能存在的法律风险或财务风险；通过数据挖掘技术，系统可以自动发现异常交易或可疑行为，为审计人员提供线索。

在风险评估方面，智能化技术同样发挥着重要作用。传统的风险评估方法往往基于固定的模型和参数，难以适应复杂多变的市场环境；而智能化技术可以通过构建动态风险评估模型，根据企业的实际情况和市场环境的变化，实时调整评估参数和指标，使风险评估结果更加准确可靠。智能化技术还可以利用历史数据和风险案例，对风险评估模型进行不断优化和改进，提高模型的预测能力和稳定性。

在风险监控与预警方面，智能化技术为内部审计提供了实时、动态的风险监控机制。传统的风险监控往往依赖于定期的审计检查和报告，难以及时发现和应对风险；而智能化技术通过实时监测企业的各项经营指标和财务数据，可以及时发现异常情况并发出预警信号。审计人员可以根据预警信号迅速定位风险点，采取相应的应对措施，防止风险进一步扩大。同时，智能化技术还可以提供风险趋势分析和预测功能，帮助审计人员把握风险的发展规律，制定更加科学合理的风险管理策略。

值得注意的是，智能化技术在内部审计风险管理中的应用并非一蹴而就，而是需要企业根据自身情况和需求进行逐步探索和实践。企业在引入智能化技术时，需要充分考虑其技术成熟度和适用性，确保技术能够真正为内部审计风险管理带来价值。同时，企业还需要加强对审计人员的培训和教育，提高他们的技术素养和数据分析能力，使他们能够更好地利用智能化技术开展风险管理工作。

企业在应用智能化技术进行内部审计风险管理时，也需要关注数据安全和隐私保护等问题。随着智能化技术的广泛应用，企业面临着越来越多的数据安全挑战。因此企业需要建立完善的数据安全管理制度和技术防护措施，确保审计数据的安全性和完整性。同时，企业还需要加强对数据隐私的保护，遵守相关法律法规和伦理规范，防止数据泄露和滥用。

展望未来，随着技术的不断进步和应用场景的不断拓展，智能化技术在内部审计风险管理中的应用将更加广泛和深入。更多先进的智能化技术将被应用于内部审计风险管理中，如深度学习、区块链等，将为企业的风险管理提供更加智能、高效的解决方案。同时，随着企业对于风险管理要求的不断提高，智能化技术也将在内部审计风险管理中发挥更加核心的作用，推动企业风险管理水平的不断提升。

总之，智能化技术在内部审计风险管理中的应用具有广阔的前景和巨大的潜力。通过提升风险识别能力、优化风险评估模型以及加强风险监控与预警等措施，智能化技术可以为企业的内部审计风险管理提供更加智能、高效的支持。然而在应用智能化技术时，企业还需要充分考虑其技术成熟度和适用性，加强数据安全和隐私保护等方面的管理，确保技术能够真正为企业带来价值。通过合理利用智能化技术，企业可以不断提升内部审计风险管理的水平，为企业的稳健运营和持续发展提供有力保障。

第四节　智能化技术在信息安全与防护管理中的应用

由于财务管理模式正逐渐向网络化以及信息化发展，所以不仅要对其中的优势进行分析，还要对网络化管理存在的问题进行研究，需要通过不断对管理进行规范的方式，确保能够将企业财务管理和信息资源有效结合在一起，通过推动网络化管理平台建设的方式，确保财务管理工作创新水平；需要通过不断提高财务工作规范化的方式，确保各项工作能够严格按照会计准则以及规章制度展开，能够有效地对各项管理行为进行约束，确保各项行为能够达到合法化的效果；需要不断对信息化整体发展进行规范，做好规范化以及信息化之间的融合，降低财务管理工作的各种问题，提高整体工作开展的质量。

一、智能化技术在信息安全管理中的应用

随着信息技术的迅猛发展和企业数字化转型的加速推进，信息安全问题日益凸显，成为企业内部控制和风险管理的重要组成部分。智能化技术以其独特的优势，为企业的信息安全管理提供了强有力的支持。

智能化技术在信息安全管理中的应用，首先体现在对信息安全风险的精准识别和评估上。传统的信息安全风险评估往往依赖于人工经验和定期的安全检查，存在评估周期长、精度低等问题；而智能化技术通过运用大数据、机器学习等先进技术，能够实时收集和分析企业的安全日志、网络流量等数据，自动发现异常行为和潜在威胁。同时，智能化系统还能结合企业的业务特点和安全需求，构建个性化的风险评估模型，对各类安全风险进行定量评估和排序，为企业管理者提供决策依据。

其次，智能化技术在信息安全管理中的应用还体现在对安全事件的快速响应和处置上。传统的安全事件处置往往依赖于人工分析和手动操作，响应速度慢、处置效果有限；而智能化技术通过构建自动化的安全事件处置流程，能够实现对安全事件的快速发现、分析和处置。智能化系统能够自动收集和分析安全事件的相关信息，提取关键特征，并与已知的安全威胁进行比对和匹配。一旦发现匹配的安全威胁，系统能够立即触发预警机制，通知相关人员进行处理。同时，智能化系统还能提供安全事件的处置建议和应急预案，帮助企业快速恢复业务运行，减少损失。

最后，智能化技术在信息安全管理中的应用还包括对安全策略的持续优化和更新。传统的安全策略制定往往依赖于专家的经验和判断，难以适应不断变化的安全威胁和业务需求；而智能化技术通过运用数据分析和机器学习算法，能够实时分析企业的安全数据和业务数据，发现安全策略的不足之处，并自动提出优化建议。智能化系统还能根据企业的安全需求和市场环境的变化，定期更新安全策略库，确保企业的信息安全防护始终在最佳状态。

值得注意的是，智能化技术在信息安全管理中的应用并非一蹴而就，而

是需要企业在实践中不断探索和完善。企业在引入智能化技术时，需要充分考虑其技术成熟度和适用性，确保技术能够真正为企业的信息安全管理带来价值。同时，企业还需要加强对信息安全人员的培训和教育，提高他们的技术素养和数据分析能力，使他们能够更好地利用智能化技术开展信息安全管理工作。

企业在应用智能化技术进行信息安全管理时，还需要关注数据安全和隐私保护的问题。智能化技术的应用涉及大量的数据处理和分析，如果数据保护措施不到位，可能会导致敏感信息的泄露和滥用。因此企业需要建立完善的数据安全管理制度和技术防护措施，确保信息安全数据的安全性和隐私性。同时，企业还需要加强对数据访问和使用的权限管理，防止未经授权的访问和滥用。

展望未来，随着技术的不断进步和应用场景的不断拓展，智能化技术在信息安全管理中的应用将更加广泛和深入。更多先进的智能化技术将被应用于信息安全管理中，如人工智能、区块链等，为企业的信息安全提供更加智能、高效的解决方案。同时，随着企业对于信息安全要求的不断提高，智能化技术也将在信息安全管理中发挥更加核心的作用，推动企业信息安全水平的提升。

尽管智能化技术在信息安全管理中具有巨大的潜力和优势，但其在实际应用中仍面临一些挑战和限制。例如，技术更新换代的成本问题、技术应用的合规性问题以及技术本身的局限性和风险等，都需要企业在引入和应用智能化技术时予以充分考虑和妥善解决。

总之，智能化技术在信息安全管理中的应用具有重要的价值和意义。通过精准识别评估信息安全风险、快速响应处置安全事件以及持续优化更新安全策略等措施，智能化技术可以为企业的信息安全管理提供强有力的支持。然而在应用智能化技术时，企业需要充分考虑其技术成熟度和适用性，加强数据安全和隐私保护等方面的管理，确保技术能够真正为企业带来价值。通过合理利用智能化技术，企业可以不断提升信息安全管理水平，为企业的稳健运营和持续发展提供有力保障。

二、智能化技术在信息安全事件应急响应中的应用

随着信息技术的快速发展和广泛应用，信息安全事件频发，给企业的运营和声誉带来了严重威胁。智能化技术在信息安全事件应急响应中的应用，为企业提供了一种高效、精准的应对手段。

首先，智能化技术在信息安全事件应急响应中，能够实现对安全事件的快速发现、准确分析和及时处置。借助大数据分析和机器学习算法，智能化系统能够实时监测网络流量、系统日志等关键信息，这有助于发现异常行为和潜在威胁。一旦检测到安全事件，系统能够立即触发预警机制，自动分析事件的性质、影响范围和可能原因，为应急响应团队提供有价值的线索和依据。

其次，智能化技术能提供智能化的应急响应建议和处置方案。通过对历史安全事件的学习和模式识别，智能化系统能够预测未来可能发生的安全事件类型，并提前制定相应的应对策略。在应急响应过程中，系统能够根据事件的实时情况和企业的安全需求，智能推荐最合适的处置措施，帮助应急响应团队快速、准确地应对安全事件。

最后，智能化技术还能提供持续的安全监控和风险评估。在应急响应结束后，智能化系统能够继续监测企业的安全状况，及时发现潜在的安全隐患和风险点。通过定期的安全风险评估，系统能够为企业提供全面的安全状况报告和改进建议，帮助企业不断提升信息安全防护能力。

然而智能化技术在信息安全事件应急响应中的应用也面临一些挑战和限制。技术的准确性和可靠性是关键，智能化系统需要能够准确识别和分析安全事件，避免误报和漏报；系统的实时性和响应速度也至关重要，在应对安全事件时，每一秒都可能关系到企业的重大利益，因此智能化系统需要能够快速响应并作出决策；数据的隐私性和安全性也是必须考虑的因素，在收集和分析数据的过程中，需要确保数据不被泄露或滥用。

为了充分发挥智能化技术在信息安全事件应急响应中的作用，企业需要采取一系列措施。例如，加强对智能化技术的研发和应用，提升系统的准确性和可靠性。建立完善的应急响应流程和机制，确保在发生安全事件时能够

迅速启动应急响应。加强人员培训和演练，提高应急响应团队的专业素质和应对能力。同时，加强对数据隐私和安全性的保护，能够确保数据的合法使用和安全存储。

然而也需要认识到智能化技术并非万能，其应用过程中仍存在诸多限制和挑战。因此在利用智能化技术提升信息安全事件应急响应能力的同时，企业还应注重提升员工的安全意识和技能水平，构建多层次、全方位的信息安全防护体系。此外，加强与合作伙伴和监管机构的沟通与协作，能够共同应对信息安全威胁，实现信息安全管理的持续优化和提升。

展望未来，随着技术的不断进步和应用场景的不断拓展，智能化技术在信息安全事件应急响应中的应用将更加广泛和深入。通过不断提升系统的智能化水平和应对能力，企业将能够更好地应对各种复杂多变的安全威胁和挑战，保障企业的信息安全和业务稳定。

总之，智能化技术在信息安全事件应急响应中发挥着重要作用。实现对安全事件的快速发现、准确分析和及时处置，为企业提供了高效、精准的应对手段。然而在应用过程中仍需关注技术的准确性、实时性、数据隐私和安全性等问题，并采取相应措施加以解决。通过合理利用智能化技术，企业可以不断提升信息安全事件应急响应能力，为企业的稳健运营和持续发展提供有力保障。

三、智能化技术在信息安全防护策略优化中的实践

随着信息技术的飞速发展和网络环境的日益复杂，信息安全防护策略的制定和实施成了企业面临的重要挑战。智能化技术在信息安全防护策略优化中的实践，为企业提供了一种更加高效、精准的策略制定方法，有助于提升企业的信息安全防护水平。

首先，在信息安全防护策略优化的实践中，智能化技术能够实现对安全威胁的精准识别和评估。通过运用大数据分析和机器学习算法，智能化系统能够实时收集和分析网络流量、系统日志等关键信息，发现潜在的安全威胁和漏洞。系统还能够结合企业的业务特点和安全需求，对各类安全威胁进行定量评估和排序，为企业制定针对性的防护策略提供科学依据。

其次，智能化技术能帮助企业实现安全防护措施的自动化配置和智能调整。传统的安全防护措施配置往往依赖于人工经验和手动操作，存在配置周期长、精度低等问题；而智能化系统能够根据企业的安全需求和实时威胁情况，自动推荐合适的防护措施，并实现配置的自动化和智能化。这不仅可以提高安全防护措施的配置效率，还能确保防护措施的准确性和有效性。

最后，智能化技术还能对安全防护策略的实施效果进行实时评估和反馈。通过收集和分析安全防护措施的执行数据和安全事件的处理情况，智能化系统能够评估策略的有效性，并发现可能存在的问题和漏洞。系统还能根据评估结果，自动调整和优化安全防护策略，确保企业的信息安全防护始终在最佳状态。

然而智能化技术在信息安全防护策略优化中的实践也面临一些挑战和限制。技术的准确性和可靠性是关键，智能化系统应能够准确识别和分析安全威胁，避免误报和漏报；系统的智能化水平也需要不断提升，随着安全威胁的不断演变和复杂化，智能化系统需要不断更新和优化算法和模型，以适应新的安全环境；数据的隐私性和安全性也是必须考虑的因素，在收集和分析数据的过程中，需要确保数据不被泄露或滥用。

为了充分发挥智能化技术在信息安全防护策略优化中的作用，企业需要采取一系列措施。加强对智能化技术的研发和应用，提升系统的准确性和可靠性。建立完善的信息安全防护策略制定和实施流程，确保策略的科学性和有效性。加强人员培训和技能提升，提高员工在信息安全防护方面的专业素养和应对能力。同时，加强对数据隐私和安全性的保护，确保数据的合法使用和安全存储。

展望未来，随着技术的不断进步和应用场景的不断拓展，智能化技术在信息安全防护策略优化中的应用将更加广泛和深入。通过不断提升系统的智能化水平和应对能力，企业将能够更好地应对各种复杂多变的安全威胁和挑战，构建更加稳健、高效的信息安全防护体系。

需要注意的是，尽管智能化技术在信息安全防护策略优化中展现出巨大的潜力，但其并非万能的解决方案。在实践中，企业需要综合考虑多种因素，如业务需求、技术可行性、成本效益等，制定符合自身实际的信息安全防护策略。同时，企业还需要保持对新技术和新威胁的敏感性和警惕性，及时调整和优化信息安全防护策略，确保企业的信息安全始终得到有效保障。

智能化技术在信息安全防护策略优化中发挥着重要作用。通过实现对安全威胁的精准识别和评估、安全防护措施的自动化配置和智能调整，以及实施效果的实时评估和反馈等措施，为企业提供了一种更加高效、精准的策略制定方法。然而在应用过程中仍需关注技术的准确性、可靠性、智能化水平以及数据隐私和安全性等问题，并采取相应措施加以解决。通过合理利用智能化技术，企业可以不断提升信息安全防护水平，为企业的稳健运营和持续发展提供有力保障。

第六章　智能化技术在会计教育
与培训中的应用

　　智能化技术的应用不仅为会计教育与培训带来了革命性的变革，更为会计人员的专业发展和终身学习提供了有力的支持。本章旨在探讨智能化技术在会计教育与培训中的应用，分析其对会计教学模式、专业技能培训、终身学习以及教育体系改革的影响，以期为会计教育与培训的创新发展提供理论支持和实践指导。

　　智能化技术以其高效、精准、个性化的特点，正逐渐成为会计教育与培训领域的重要支撑。通过运用大数据分析、机器学习、人工智能等先进技术，智能化技术能够实现对会计教育资源的优化配置，提升教学质量和效率，促进会计人员的专业发展。同时，智能化技术还能够为会计人员提供个性化的学习路径和持续的学习支持，推动会计教育的终身化、个性化发展。

　　然而智能化技术在会计教育与培训中的应用也面临着一些挑战和问题。如何充分利用智能化技术的优势、克服其局限性，实现会计教育与培训的智能化升级，是当前会计教育领域亟待解决的重要课题。本章将从多个角度探讨智能化技术在会计教育与培训中的应用及其影响，以期为会计教育与培训的创新发展提供有益的启示和借鉴。

第一节　智能化技术对会计教学模式的影响

会计教学模式是会计教育的重要组成部分，直接关系到教学质量和效果。随着智能化技术的快速发展，传统的会计教学模式正面临着深刻的变革。智能化技术的应用为会计教学带来了全新的理念和方法，使得教学更加高效、精准和个性化。本节将探讨智能化技术对会计教学模式的影响，分析智能化技术如何改变会计教学的方式和方法，以及其对会计教学效果的提升作用。

智能化技术的应用使得会计教学不再局限于传统的课堂教学模式，而是向着更加多元化、个性化的方向发展。通过利用智能化教学系统，教师可以根据学生的学习特点和需求，制订个性化的教学计划、提供针对性的学习资源和辅导服务。学生可以根据自己的兴趣和进度，选择适合自己的学习路径和方式，实现自主学习和个性化发展。

智能化技术还能够通过大数据分析、机器学习等技术手段，对学生的学习过程进行实时监测和评估，为教师提供精准的教学反馈和决策支持。教师可以根据学生的学习数据和表现，及时调整教学策略和方法，提高教学效果和质量。

然而智能化技术的应用也对会计教学模式提出了新的挑战和要求。一方面，教师需要不断更新教学理念和方法，适应智能化教学的需要；另一方面，学生也需要具备一定的信息素养和技术能力，才能充分利用智能化教学系统的优势。

智能化技术对会计教学模式的影响深远而重大。未来，随着技术的不断进步和应用场景的不断拓展，智能化技术将在会计教学中发挥更加重要的作用，推动会计教学模式的创新和发展。

一、智能化技术在会计课堂教学中的应用

智能化技术的广泛应用为会计课堂教学带来了革命性的变革。传统的会计教学模式往往依赖于教师的讲授和学生的听讲，课堂互动和教学效果受到较大限制。随着智能化技术的引入，会计课堂教学焕发出新的活力。

首先，智能化技术丰富了会计课堂的教学内容。通过多媒体、网络等信息化手段，教师可以将大量的会计案例、实务操作等内容呈现给学生，使教学内容更加生动、具体。同时，智能化技术还可以实现教学资源的共享和优化配置，为学生提供更加全面、系统的会计知识。

其次，智能化技术增强了会计课堂的互动性。通过在线学习平台、智能教学系统等工具，可以实现教师与学生的实时互动和反馈。学生可以随时向教师提问，教师也可以及时了解学生的学习情况，进行针对性的指导和帮助。这种互动性的增强不仅提高了学生的学习兴趣和参与度，还有助于培养学生的自主学习能力和问题解决能力。

最后，智能化技术还促进了会计课堂的个性化教学。每个学生的学习特点和需求都是不同的，传统的统一教学模式难以满足学生的个性化需求。而智能化技术可以通过分析学生的学习数据和行为，为每个学生定制学习方案和教学资源，实现因材施教。这种个性化的教学方式有助于激发学生的学习兴趣和潜能，提高教学效果和质量。

然而智能化技术在会计课堂教学中的应用也面临一些挑战和问题。例如，教师需要不断学习和掌握新的智能化教学工具和方法，以适应教学模式的变化；同时，学校也需要投入更多的资金和资源来建设和完善智能化教学设施和环境。如何确保智能化教学的质量和效果、避免形式主义和技术依赖等，也是需要关注和解决的问题。

智能化技术在会计课堂教学中的应用具有重要的实践意义和广阔的应用前景。通过丰富教学内容、增强课堂互动性和促进个性化教学等方式，智能化技术为会计教学模式的创新和发展提供了有力支持。然而在应用过程中也需要注意解决相关问题，确保智能化教学的质量和效果。

随着技术的不断进步和应用场景的不断拓展，智能化技术在会计课堂教学中的应用将更加广泛和深入。未来，更多先进的智能化教学工具和方法将被应用于会计教育中，为培养具有创新精神和实践能力的会计人才提供有力保障。同时，随着教师对智能化技术理解的加深和应用能力的不断提高，相信会计课堂教学模式将得到进一步的优化和完善，为会计教育的持续发展注入新的活力。

智能化技术还将对会计教育的其他方面产生深远影响。例如，在会计实践教学中，智能化技术可以模拟真实的会计工作环境和业务流程，为学生提供更加逼真的实践体验；在会计考核与评价中，智能化技术可以实现对学生学习成果的自动化评估和反馈，提高考核的效率和准确性。这些应用将进一步推动会计教育的现代化和智能化进程。

总之，智能化技术在会计教育与培训中的应用是一个不断探索和进步的过程。需要充分认识到智能化技术的重要性和优势，积极推动其在会计教育中的广泛应用和深度融合。同时，也需要面对应用过程中的挑战，不断完善和优化智能化教学的模式和方法。相信在不久的将来，智能化技术将成为会计教育与培训领域的重要支撑和推动力量，为培养高素质、高水平的会计人才做出重要贡献。

二、智能化技术对会计教学内容的影响

智能化技术的深入应用不仅改变了会计教学的方式，更对会计教学内容产生了深远的影响。这一变革使得会计教学更加贴合实际，更具前瞻性和创新性。

首先，智能化技术推动了会计教学内容的更新和拓展。传统的会计教学内容往往局限于固定的教材和知识体系，难以适应快速发展的经济环境和会计制度变革；然而智能化技术能够实时获取和更新大量的会计数据和信息，为会计教学提供丰富的教学资源。通过引入最新的会计准则、税收政策、财务报告等内容，智能化技术使得会计教学更加贴近实际、更具时效性。

其次，智能化技术促进了会计教学内容的多元化和个性化。传统的会计教学往往采用统一的教学内容和方法，难以满足学生多样化的学习需求。然而智能化技术能够根据学生的学习特点和兴趣，提供个性化的教学内容和学习路径。通过智能分析学生的学习数据和反馈，智能化技术可以为学生推荐适合的学习资源和练习题目，帮助学生更好地掌握会计知识和技能。

最后，智能化技术还加强了会计教学内容的实践性和创新性。传统的会

计教学往往注重理论知识的传授，缺乏足够的实践环节；而智能化技术可以通过模拟会计实务操作、构建虚拟企业等方式，为学生提供更加真实的实践体验。这种实践性的教学内容有助于培养学生的实际操作能力和问题解决能力。同时，智能化技术还可以引入创新性的教学内容，如大数据分析、云计算、区块链等前沿技术应用于会计领域，培养学生的创新意识和能力。

然而智能化技术对会计教学内容的影响也带来了一些挑战和问题。教师需要不断更新和提升自己的知识体系，以适应智能化技术带来的教学内容变革。学校需要投入更多的资源来建设和维护智能化教学平台，确保教学内容的及时更新和有效传递。学校和教师还需要关注教学内容的质量和效果，避免过度依赖智能化技术而忽视传统教学方法的优势。

因此在利用智能化技术更新和拓展会计教学内容时，需要综合考虑多种因素。要确保教学内容的科学性和准确性，避免引入错误或误导性的信息；要关注教学内容的实用性和创新性，确保学生能够从中获得实用的知识和技能；同时，还需要注重教学内容的多样性和个性化，以满足不同学生的学习需求。

未来，随着智能化技术的进一步发展和普及，其在会计教学内容更新和拓展中的作用将更加显著。可以预见的是，未来的会计教学将更加注重实践性和创新性、更加注重培养学生的综合素质和能力。同时，随着会计领域的不断发展和变革，会计教学内容也将不断更新和拓展，以适应新的经济环境和会计制度要求。

总之，智能化技术对会计教学内容的影响是深远的。它不仅推动了教学内容的更新和拓展、促进了教学内容的多元化和个性化发展，还加强了教学内容的实践性和创新性。然而在应用过程中也需要注意解决相关问题，确保教学内容的质量和效果。未来，随着技术的不断进步和应用场景的不断拓展，智能化技术将在会计教学内容更新和拓展中发挥更加重要的作用，为培养具有创新精神和实践能力的会计人才提供有力支持。

三、智能化教学模式与传统教学模式的比较

随着智能化技术的不断发展及其在会计教育领域的广泛应用，智能化教学模式与传统教学模式之间的差异逐渐显现。这两种教学模式在多个维度上呈现出不同的特点，对会计教育产生了深远的影响。

首先，从教学内容和形式上来看，智能化教学模式具有显著的优势。传统教学模式往往依赖于教材和教师的讲授，内容相对固定，形式较为单一；而智能化教学模式则能够借助大数据、云计算等先进技术，实时获取和更新教学资源，使教学内容更加丰富、多样。同时，智能化教学模式还能通过多媒体、虚拟仿真等手段，模拟真实的会计工作环境，让学生在实践中学习、掌握知识，提高学习的趣味性和实效性。

其次，在教学互动和反馈方面，智能化教学模式也表现出明显的优势。传统教学模式中，教师与学生的互动往往局限于课堂内的问答和讨论，反馈方式也较为单一；而智能化教学模式则能够实现实时在线互动，教师可以随时解答学生的疑问，学生也可以及时向教师反馈学习情况。智能化教学系统还能够自动收集和分析学生的学习数据，为教师提供精准的教学反馈和个性化教学建议，帮助教师更好地指导学生学习。

最后，智能化教学模式在培养学生的自主学习能力和创新精神方面也具有独特的优势。传统教学模式注重知识的灌输和应试技巧的训练，而智能化教学模式则更加注重培养学生的自主学习能力和创新精神。通过智能化教学平台，学生可以自主选择学习内容和进度，根据自己的兴趣和需求进行个性化学习。同时，智能化教学模式还能够引入创新性的教学内容和方法，激发学生的创新思维和实践能力，培养学生的综合素质。

尽管智能化教学模式具有诸多优势，但传统教学模式在某些方面仍具有不可替代性。例如，在基础知识的学习和掌握方面，传统教学模式通过系统的课程设计和严谨的教学过程，能够确保学生打下坚实的知识基础。传统教学模式中的师生互动和人际交流也有助于培养学生的沟通能力和团队协作能力。

因此在会计教育中，智能化教学模式与传统教学模式并非相互排斥，而是可以相互补充、相互融合的。在实际应用中，可以根据教学目标和学生需求，灵活选择和应用这两种教学模式。例如，在基础知识的学习阶段，可以采用传统教学模式进行系统的知识传授；在实践能力和创新精神的培养阶段，则可以引入智能化教学模式，利用先进技术提升教学效果。

未来，随着智能化技术的不断发展和完善，智能化教学模式在会计教育中的应用将更加广泛和深入。但同时，也需要关注并充分发挥传统教学模式的优势，将两种模式有机结合，共同推动会计教育的创新与发展。

智能化教学模式与传统教学模式在会计教育中各有其特点和优势。通过比较和分析这两种教学模式的异同，可以更加清晰地认识到它们各自的适用场景和价值所在。在未来的会计教育中，应该充分利用智能化教学模式优势，同时保留和发扬传统教学模式的优点，共同推动会计教育的进步和发展。

同时，也应该意识到，教学模式的选择和应用并非一成不变，而是需要根据时代的发展和教育的需求不断调整和优化的。在智能化时代的大背景下，需要不断探索和创新会计教育的教学模式和方法，以适应新形势下会计人才的需求和培养。这需要不断学习和研究智能化技术的最新成果，将其有效地融入会计教育的实践中，推动会计教育的现代化和智能化进程。

另外，还需要关注智能化教学模式可能带来的挑战和问题。例如，如何确保智能化教学的质量和效果？如何避免技术依赖和过度使用？如何保障学生的隐私和数据安全？这些问题都需要在实践中不断探索和解决。

因此，未来的会计教育将是一个多元化、融合性的教育生态系统。在这个系统中，智能化教学模式与传统教学模式将相互补充、相互促进，共同为培养具有创新精神和实践能力的会计人才贡献力量。期待在这个生态系统中，会计教育能够不断焕发新的生机和活力，为社会的繁荣和发展做出更大的贡献。

四、智能化技术在会计教学个性化中的应用

随着信息技术的飞速发展，智能化技术正日益渗透到会计教育与培训领

域,为传统教育模式带来了革命性的变革。个性化教学作为教育现代化的重要标志,其核心理念在于针对学生的个体差异,提供差异化的教学内容和方式,以满足学生多样化的学习需求。智能化技术的应用,为会计教学的个性化提供了有力支持。

首先,在会计教学的个性化实践中,智能化技术发挥了重要作用。通过运用大数据、人工智能等先进技术,系统能够精准分析学生的学习行为、能力和兴趣,为每个学生量身定制学习路径。例如,智能教学平台可以记录学生在各个知识点上的学习时长、答题正确率等数据,并根据这些数据生成学生的学习画像。基于这些画像,教师可以更加准确地了解学生的学习状况,制订针对性的教学计划。

其次,智能化技术还为会计教学的个性化提供了丰富的教学资源。传统的会计教学往往依赖于教材和教师的经验,而智能化技术则能够汇聚海量的教学资源,包括在线课程、教学案例、模拟试题等。这些资源不仅数量庞大,而且形式多样,能够满足不同学生的学习需求。学生可以根据自己的兴趣和进度,自主选择学习内容和方式,实现个性化的学习体验。

最后,在教学方法上,智能化技术也推动了会计教学的个性化发展。传统的会计教学方法往往采用灌输式的教学方式,忽视了学生的主体性和差异性。而智能化技术则能够支持多种教学方法的混合应用,如翻转课堂、项目式学习等。这些教学方法更加注重学生的参与和互动,能够激发学生的学习兴趣和积极性,提高教学效果。

然而智能化技术在会计教学个性化中的应用也面临一些挑战。技术更新迭代迅速,教师需要不断更新自己的知识和技能,以适应新的教学工具和方法。个性化教学需要大量的数据支持,如何有效收集、分析和利用这些数据,是一个需要解决的问题。此外,个性化教学也需要关注学生的隐私保护和数据安全,避免信息泄露和滥用。

为了充分发挥智能化技术在会计教学个性化中的应用优势,可以采取以下策略。

一是加强教师培训和技术支持。教师应该积极学习和掌握智能化教学技术，了解各种教学平台和工具的使用方法。同时，学校和教育机构也应该提供必要的技术支持和培训资源，帮助教师顺利地将智能化技术应用于教学中。

二是完善数据收集和分析机制。学校应该建立完善的学生学习数据收集和分析机制，确保数据的准确性和可靠性。同时，也应该加强对数据的分析和利用，为个性化教学提供有力的数据支持。

三是注重教学方法的创新和融合。教师应该结合智能化技术的特点，创新教学方法和模式，实现线上线下的混合式教学。同时，也应该注重不同教学方法之间的融合和互补，以提供更加多样化的学习体验。

四是加强隐私保护和数据安全管理。在收集和使用学生数据时，应该严格遵守相关法律法规和伦理规范，确保学生的隐私和数据安全得到保护。同时，也应该建立完善的数据安全管理制度和应急预案，防止数据泄露和滥用的情况发生。

综上所述，智能化技术在会计教学个性化中的应用具有广阔的前景和潜力。精准分析学生的学习需求和能力水平、提供差异化的教学内容和方式，能够激发学生的学习兴趣和积极性、提高教学效果和质量。同时，也需要关注技术更新、数据收集和分析、教学方法创新以及隐私保护和数据安全等问题，以确保智能化技术能够真正为会计教学的个性化服务。随着技术的不断进步和应用场景的不断拓展，相信未来会有更多的智能化技术应用于会计教学个性化中，为培养具有创新精神和实践能力的会计人才提供有力支持。

第二节　智能化技术在会计专业技能培训中的应用

会计专业技能培训是提升会计人员专业素养和实践能力的重要途径。智能化技术的引入，为会计专业技能培训注入了新的活力和可能性。本节将详细探讨智能化系统在会计专业技能培训中的应用，分析其优势与不足，以及未来的发展趋势。

智能化技术以其强大的数据处理和分析能力，为会计专业技能培训提供了高效、精准的支持。通过智能化系统，培训机构可以建立全面的技能评估体系,对会计人员的技能水平进行客观、准确的评估。同时,系统还能根据评估结果,为会计人员提供个性化的培训计划和资源,帮助他们有针对性地提升技能水平。

智能化技术还能模拟真实的会计工作环境,为会计人员提供实践训练的机会。通过模拟操作、案例分析等方式,会计人员可以在安全、可控的环境中,熟悉和掌握会计工作的流程和技巧,提高实际操作能力。

然而智能化技术在会计专业技能培训中的应用也面临一些挑战,如数据质量问题、技术更新速度、系统安全性等,都可能影响智能化系统的应用效果。智能化系统虽然能够提供大量的数据和信息,但如何有效地利用这些信息,将其转化为实际的培训成果,也是一个需要解决的问题。

未来,随着技术的不断进步和应用场景的不断拓展,智能化技术在会计专业技能培训中的应用将更加广泛和深入。同时,也需要加强技术研发和人才培养,提高智能化系统的应用水平和效果,为会计人员的专业发展提供更好的支持。

一、智能化技术在会计技能评估与反馈中的作用

会计技能评估与反馈是专业技能培训中的关键环节,对于提升学员的会计实操能力和专业水平具有重要意义。智能化技术的引入,为会计技能评估与反馈带来了革命性的变革。

首先,智能化技术能够实时、全面地收集学员的学习数据。智能化系统可以记录学员在学习过程中的操作行为、答题情况、学习时间等数据,形成丰富的学习数据集合。这些数据为后续的技能评估和反馈提供了有力支撑。

其次,智能化技术能够对学员的技能水平进行精准评估。基于大数据分析技术,可以对学员的学习数据进行深度挖掘和分析,发现学员在会计技能方面的优势和不足。同时,构建技能评估模型,可以对学员的技能水平进行量化评分和排名,为培训机构和学员提供更加客观、科学的评估结果。

再次,智能化技术能够为学员提供个性化的反馈和建议。基于学员的学习数据和技能评估结果,智能化系统可以自动生成个性化的反馈报告和建议,

指出学员在会计技能方面需要改进和提升的方面，并提供相应的学习资源和练习题目。这种个性化的反馈方式有助于学员更加清晰地了解自己的学习情况，有针对性地进行改进和提高。

最后，智能化技术还能够实现评估与反馈的实时互动。学员在学习过程中可以随时查看自己的学习进度和评估结果，与智能教学系统进行实时互动和交流。这种互动方式有助于增强学员的学习兴趣和动力，提高学习效果和质量。

然而智能化技术在会计技能评估与反馈中的应用也面临一些挑战和问题。例如，如何确保学习数据的准确性和完整性？如何构建科学、有效的技能评估模型？如何提供具有针对性的个性化反馈？这些问题需要在实践中不断探索和解决。

同时，也需要认识到，智能化技术虽然具有诸多优势，但并不能完全替代传统的人工评估与反馈方式。传统的人工评估能够深入挖掘学员的潜在能力和特质，提供更加全面、细致的反馈。因此在会计技能评估与反馈中，应该将智能化技术与传统方式相结合，形成互补效应，共同提升培训效果和质量。

总之，智能化技术在会计技能评估与反馈中发挥着重要作用。通过实时收集学习数据、精准评估技能水平、提供个性化反馈和实时互动等方式，智能化技术为会计专业技能培训带来了显著的提升和变革。然而在应用过程中也需要注意解决相关问题，确保评估与反馈的准确性和有效性。未来，随着技术的不断进步和应用场景的不断拓展，智能化技术在会计技能评估与反馈中的应用将更加广泛和深入，为培养高素质、高水平的会计人才提供有力支持。

二、智能化系统在会计技能持续学习中的作用

在会计领域，技能的持续学习是提升专业素养和适应行业变革的关键。随着智能化系统的深入应用，其在会计技能持续学习中的作用日益凸显。智能化系统不仅为会计人员提供了便捷的学习平台，更通过个性化的学习路径

推荐、智能答疑和实时反馈等功能，有效促进了会计人员的技能更新与提升。

首先，智能化系统通过构建丰富的学习资源库，为会计人员提供了持续学习的土壤。这些资源库包括最新的会计准则、税务政策、案例分析等，确保了会计人员能够及时获取最新的行业知识和信息。智能化系统还能根据会计人员的学习需求和兴趣，智能推荐相关的学习资料，使学习更具针对性和高效性。

其次，智能化系统通过个性化的学习路径规划，帮助会计人员实现技能的逐步提升。系统可以根据会计人员的学习进度和水平，为其定制个性化的学习计划，确保学习的连贯性和系统性。同时，系统还能根据会计人员的学习反馈，动态调整学习路径，使学习更加符合个人的成长需求。

再次，智能化系统的智能答疑功能为会计人员在学习过程中提供了及时的帮助。在学习过程中，会计人员难免会遇到疑问和难题。智能化系统通过自然语言处理等技术，能够实现对会计人员提问的智能理解和回答，帮助他们及时解决问题、提高学习效率。

最后，智能化系统还能通过实时反馈机制，促进会计人员的技能提升。系统可以实时记录会计人员的学习进度、成绩和反馈等信息，并生成个性化的学习报告。这些报告不仅可以帮助会计人员了解自己的学习情况，还能为他们提供改进和提升的建议。通过不断的学习和调整，会计人员的技能水平将得到持续的提升。

然而智能化系统在会计技能持续学习中的应用也面临一些挑战。例如，如何确保学习资源的准确性和时效性？如何设计更加科学和有效的个性化学习路径？如何提升智能答疑的准确性和效率？这些问题需要在实践中不断探索和解决。

另外，尽管智能化系统为会计技能持续学习提供了强大的支持，但会计人员的主观能动性和学习态度同样重要。智能化系统只是工具，真正的学习和提升还需要会计人员自身的努力和坚持。因此在利用智能化系统进行技能持续学习的同时，会计人员也应注重培养自己的学习能力和学习习惯。

总之，智能化系统在会计技能持续学习中发挥着重要作用。通过构建丰富的学习资源库、提供个性化的学习路径规划、实现智能答疑和实时反馈等功能，智能化系统为会计人员提供了便捷、高效的学习平台。然而在应用过程中也需要注意解决相关问题，确保学习的质量和效果。未来，随着技术的不断进步和应用场景的不断拓展，智能化系统在会计技能持续学习中的作用将更加显著，为会计人员的职业发展提供有力支持。

第三节　智能化技术对会计人员终身学习的促进

在知识更新迅速的时代背景下，终身学习已成为会计人员适应职业发展的必然选择。智能化技术的快速发展，为会计人员提供了更为便捷、高效的学习方式和手段。本节将深入探讨智能化技术对会计人员终身学习的促进作用，并分析其在实践中的应用情况。

智能化技术通过构建在线学习平台、智能推荐系统等方式，为会计人员提供了丰富的学习资源和个性化的学习路径。会计人员可以根据自身需求，随时随地进行学习，突破传统学习的时空限制。同时，智能化技术还能根据会计人员的学习行为和反馈，智能推荐相关的学习内容和资源，帮助他们快速掌握所需知识和技能。

智能化技术还能通过模拟实践、案例分析等方式，为会计人员提供实践学习的机会。通过模拟真实的会计工作环境和业务流程，会计人员可以在实践中深化对理论知识的理解、提高实际操作能力。

然而智能化技术在促进会计人员终身学习方面也面临一些挑战。如数据隐私保护、学习成果认证等问题，需要在实际应用中加以解决。智能化技术虽然提供了丰富的学习资源和手段，但如何激发会计人员的学习动力、确保他们持续参与学习，也是值得关注的问题。

未来，随着技术的不断进步和应用的深入，智能化技术将在会计人员终身学习中发挥更加重要的作用。会计人员应充分利用智能化技术提供的便利和优势，不断提升自身的专业素养和综合能力，以适应职业发展的需求。

一、智能化技术在会计人员继续教育中的应用

会计人员继续教育是保障会计人员专业素养持续提升的重要途径。随着智能化技术的不断发展，其在会计人员继续教育中的应用日益广泛，为会计人员提供了更加高效、便捷的学习体验。

首先，智能化技术通过构建在线学习平台，打破了传统继续教育的时空限制。会计人员可以随时随地通过电脑、手机等终端设备接入学习平台，自主选择学习课程、参与在线讨论、完成学习任务。这种灵活的学习方式使得会计人员能够在繁忙的工作中，依然保持学习的连续性和系统性。

其次，智能化技术还通过大数据分析、人工智能等技术手段，实现了对会计人员学习行为的精准跟踪和个性化推荐。学习平台可以记录会计人员的学习进度、成绩、反馈等信息，并通过数据分析发现其学习需求和兴趣点。基于这些信息，平台可以智能推荐相关的学习资源和学习路径，帮助会计人员更加高效地进行学习。

最后，智能化技术还提供了丰富的学习资源和互动方式。在线学习平台汇聚了大量的会计学习资源，包括最新的会计准则、政策解读、案例分析等，为会计人员提供了广阔的学习空间。同时，平台还支持在线问答、讨论、协作等功能，使得会计人员可以与其他同行进行互动交流、共同解决问题，提升学习效果。

然而智能化技术在会计人员继续教育中的应用也面临着一些挑战。如何确保学习资源的准确性和时效性？如何设计更加符合会计人员实际需求的学习课程？如何保障在线学习的质量和效果？这些都是需要在实践中不断探索和解决的问题。

尽管存在挑战，但智能化技术在会计人员继续教育中的应用前景依然广阔。随着技术的不断进步和应用场景的不断拓展，可以预见，未来会计人员的继续教育将更加智能化、个性化、高效化。会计人员将能够更加便捷地获取学习资源、更加精准地定位学习需求、更加高效地提升专业素养。

同时，也需要认识到，智能化技术虽然为会计人员继续教育提供了有力

支持，但并不能完全替代传统的学习方式。传统的面授课程、实地考察等方式依然具有其独特的价值和意义。因此在推动智能化技术应用的同时，也应该注重与传统学习方式的融合与互补，形成多元化的会计人员继续教育体系。

智能化技术在会计人员继续教育中的应用具有重要意义。通过构建在线学习平台、实现精准跟踪和个性化推荐、提供丰富的学习资源和互动方式等手段，智能化技术为会计人员的终身学习提供了有力支持。未来，随着技术的不断进步和应用场景的不断拓展，智能化技术将在会计人员继续教育中发挥更加重要的作用，为会计行业的持续发展注入新的活力。

二、智能化学习平台对会计人员知识更新的作用

在信息化时代的浪潮中，会计领域的知识更新速度日益加快，会计人员需要不断跟进最新的会计准则、政策法规和实务操作，以确保工作的准确性和合规性。智能化学习平台作为现代教育的重要载体，对于会计人员知识更新的作用越发凸显。

首先，智能化学习平台以其强大的资源整合能力，为会计人员提供了丰富的学习资源。这些资源不仅涵盖了会计领域的基础知识和理论，还包括了最新的行业动态、政策法规和案例分析。会计人员可以通过平台快速获取所需信息，了解行业发展趋势，掌握最新的会计准则和实务操作。这种便捷的资源获取方式，极大地提高了会计人员的学习效率和知识更新的速度。

其次，智能化学习平台通过智能推荐和个性化学习路径规划，为会计人员量身定制了学习方案。平台可以根据会计人员的学习历史、兴趣偏好和职业规划，智能推荐相关的学习资源和课程，帮助他们快速找到适合自己的学习路径。这种个性化的学习方式，不仅提高了会计人员的学习兴趣和积极性，还有助于他们更加系统地掌握知识和技能，实现知识的深度更新和拓展。

最后，智能化学习平台还通过在线互动和协作学习，促进了会计人员之间的知识交流和分享。会计人员可以在平台上发表自己的观点和见解，参与讨论和协作，共同解决问题和分享经验。这种互动学习方式不仅有助于会计人员拓展视野、启发思维，还能够加深他们对知识的理解和应用，实现知识

的广度更新和拓展。

　　然而智能化学习平台在会计人员知识更新中的作用也面临一些挑战。如何确保学习资源的准确性和权威性？如何设计更加科学和有效的学习路径？如何提升平台的互动性和协作性？这些问题都需要在实践中不断探索和解决。

　　同时，也需要认识到，智能化学习平台虽然为会计人员知识更新提供了强大的支持，但并不能完全替代传统的学习方式。传统的学习方式，如面授课程、实践操作等仍然具有其独特的价值和作用。因此在利用智能化学习平台进行知识更新的同时，会计人员也应注重结合传统学习方式，形成多元化的学习体系。

　　智能化学习平台在会计人员知识更新中发挥着重要作用。通过提供丰富的学习资源、智能推荐和个性化学习路径规划以及在线互动和协作学习等功能，智能化学习平台为会计人员知识更新提供了有力支持。然而在应用过程中也需要注意解决相关问题，确保学习效果和质量。未来，随着技术的不断进步和应用场景的不断拓展，智能化学习平台将在会计人员知识更新中发挥更加重要的作用，为会计行业的持续发展注入新的活力。

　　值得注意的是，智能化学习平台并非简单地提供学习资源和学习工具，它是一个综合性的学习生态系统。在这个系统中，会计人员可以通过多种方式获取和更新知识，包括但不限于在线课程、模拟实操、案例分析、专家讲座等。这种多元化的学习方式，有助于会计人员形成全面的知识体系，并能够在实际工作中灵活运用所学知识。

　　智能化学习平台还具备数据分析的能力，可以实时跟踪和分析会计人员的学习行为和效果。通过对学习数据的深入挖掘，平台可以为会计人员提供更加精准的学习建议和反馈，帮助他们更好地调整学习策略和提升学习效果。这种数据驱动的学习方式，使得知识更新更加科学、高效和个性化。

　　同时，随着人工智能技术的不断发展，智能化学习平台的功能也在不断升级和完善。未来，平台将更加注重智能化和个性化的学习体验，通过更加精准的学习推荐和更加丰富的互动方式，为会计人员提供更加优质的学习服务。平台还将加强与行业内的合作与交流，引入更多的优质资源和专家力量，为会计人员的知识更新提供更加全面和深入的支持。

尽管智能化学习平台具有诸多优势，但也应该清醒地认识到其局限性。在利用平台进行知识更新的过程中，会计人员仍需要保持独立思考和判断能力，审慎对待平台上的各种信息和建议。同时，平台的建设和运营也需要不断投入资源和精力，确保其稳定性和安全性，为会计人员提供一个可靠的学习环境。

总之，智能化学习平台在会计人员知识更新中发挥着越来越重要的作用。通过提供丰富的学习资源、个性化的学习路径规划、在线互动与协作学习以及数据驱动的学习反馈等功能，平台为会计人员提供了一个高效、便捷和个性化的学习空间。未来，随着技术的不断进步和应用场景的不断拓展，智能化学习平台将在会计人员知识更新中发挥更加重要的作用，推动会计行业的持续发展和进步。

三、智能化技术对会计人员学习动机和效率的影响

在信息化和智能化浪潮的推动下，智能化技术不仅为会计人员提供了便捷的学习平台和资源，更在深层次上影响着他们的学习动机和效率。会计人员作为行业发展的重要推动力量，其学习动机的激发和学习效率的提升对于行业的持续进步至关重要。

首先，智能化技术通过个性化学习路径的定制，有效激发了会计人员的学习动机。传统的会计学习方式往往缺乏针对性，无法满足不同会计人员的学习需求，导致他们学习动力不足；而智能化技术通过大数据分析和人工智能技术，能够精准识别会计人员的学习特点和需求，为他们提供个性化的学习资源和路径。这种差异化的学习方式使得会计人员能够根据自己的实际情况和兴趣点进行学习，从而激发他们的学习兴趣和动力，提高学习的主动性和积极性。

其次，智能化技术通过优化学习流程和提高学习资源的互动性，进一步提升了会计人员的学习效率。传统的会计学习方式往往存在学习流程烦琐、学习资源单一等问题，导致学习效率低下。而智能化技术通过智能推荐、在

线互动、实时反馈等功能，简化了学习流程，丰富了学习资源，使得会计人员能够更加高效地进行学习。例如，智能化学习平台可以根据会计人员的学习进度和成绩，智能调整学习难度和内容，确保学习的连贯性和有效性；在线互动功能则可以帮助会计人员与其他同行进行交流和讨论，共同解决问题，提高学习效率。

最后，智能化技术还通过提供实时反馈和评估机制，帮助会计人员及时了解自己的学习情况和进步程度，从而调整学习策略，提高学习效果。传统的会计学习方式往往缺乏及时有效的反馈机制，使得会计人员难以了解自己的学习状况；而智能化技术通过数据分析和可视化展示，能够实时记录会计人员的学习数据，包括学习时间、学习进度、成绩等，并生成个性化的学习报告和反馈。这些反馈不仅可以帮助会计人员了解自己的学习状况，还可以为他们提供改进和提升的建议，从而引导他们更加高效地学习。

然而智能化技术对会计人员学习动机和效率的影响并非全然积极。虽然个性化学习路径和智能推荐功能在一定程度上提升了学习动力，但也可能导致会计人员过度依赖技术，失去独立思考和解决问题的能力。同时，过多的学习资源和信息也可能造成信息过载，学习效率降低。因此在利用智能化技术提升学习动机和效率的同时，会计人员也需要保持清醒的头脑，合理利用技术资源，结合传统学习方式，形成多元化的学习体系。

另外，智能化技术对学习动机和效率的影响还受到会计人员自身因素的影响。不同的会计人员具有不同的学习风格、需求和动机，因此他们对智能化技术的接受程度和利用效果也会有所不同。为了充分发挥智能化技术的优势，需要针对不同会计人员的特点进行差异化设计和服务，以满足他们的个性化学习需求。

智能化技术对会计人员学习动机和效率的影响具有双重性。在合理利用技术资源的前提下，智能化技术能够激发会计人员的学习动机、提升学习效率；但过度依赖技术或信息过载也可能带来负面影响。因此会计人员应在使用智能化技术的过程中保持独立思考和判断能力，结合传统学习方式，形成适合自己的学习体系。同时，相关机构也应加强对智能化技术的研发和优化，为会计人员提供更加优质、高效的学习支持和服务。

第四节　智能化技术对会计教育体系的挑战与改革

随着智能化技术的广泛应用，传统的会计教育体系正面临着前所未有的挑战与机遇。智能化技术不仅改变了会计教育的教学模式和方法，还对会计教育的理念、内容、评价体系等方面产生了深远影响。本节将深入探讨智能化技术对会计教育体系的挑战与改革，并提出相应的对策建议。

智能化技术对会计教育体系的挑战主要体现在以下几个方面：首先，智能化技术的应用要求会计教育更加注重培养学生的信息素养和技术能力，传统的教育内容和方法需要进行相应的调整；其次，智能化技术使得会计教育的边界逐渐模糊，线上与线下、校内与校外的教育资源需要有效整合；最后，智能化技术的应用也对会计教育的评价体系提出了新的要求，需要建立更加科学、全面的评价体系来评估学生的学习成果。

针对这些挑战，会计教育体系需要进行相应的改革。首先，要更新会计教育的理念，注重培养学生的创新精神和实践能力；其次，要优化会计教育的内容和方法，加强信息素养和技术能力的培养；再次，要构建线上线下相结合的会计教育模式，充分利用智能化技术提供的便利和优势；最后，要建立多元化的评价体系，全面评估学生的学习成果和综合素质。

在改革过程中，还需要注意以下几个问题：一是要确保智能化技术的应用与会计教育的目标和需求相匹配，避免技术滥用或误用；二是要加强师资队伍建设，提高教师的信息化素养和教学能力；三是要加强与其他学科的交叉融合，拓宽会计教育的视野和领域；四是要关注学生的学习体验和反馈，不断优化会计教育的流程和质量。

智能化技术给会计教育体系带来了深刻的挑战与机遇。只有通过不断的改革和创新，才能适应时代发展的需求，培养出更多具有创新精神和实践能力的会计人才。

一、智能化技术对传统会计教育体系的挑战

智能化技术的快速发展和应用，给传统会计教育体系带来了多方面的挑战，这些挑战不仅要求会计教育在内容上进行更新，更要在教育方式和理念上进行深刻的变革。

智能化技术挑战了传统会计教育的知识结构。传统会计教育注重的是基础理论的传授和核算技能的培养，而智能化技术的应用则使得会计工作更加依赖于数据处理、信息分析和决策支持等能力。这就要求会计教育在保持基础理论的同时，更加注重对数据分析、信息技术等跨学科知识的融合，以培养出能够适应智能化时代需求的会计人才。

智能化技术改变了传统会计教育的教学方式。传统会计教育通常采用面对面的授课方式，而智能化技术则使得在线教育、远程教学等新型教学方式成为可能。这些新型教学方式不仅突破了时间和空间的限制，使得学习资源更加丰富和灵活，还对教师的教育技能和学生的学习能力提出了更高的要求。因此会计教育需要积极适应这种教学方式的变化，加强在线教育平台的建设和教学资源的整合，提升教师和学生的信息化素养。

智能化技术还给传统会计教育的评价体系带来了挑战。传统会计教育评价体系主要依赖于考试成绩和证书认证等方式来评价学生的学习成果，而智能化技术则使得学习成果的评价更加多元化和个性化。例如，通过智能化学习平台可以实时记录学生的学习过程、分析学习数据，从而更加准确地评估学生的学习能力和水平。这就要求会计教育在评价体系上进行创新，建立起更加科学、全面、个性化的评价体系，以更好地反映学生的学习成果和发展潜力。

面对智能化技术的挑战，传统会计教育体系需要进行深刻的改革。会计教育需要更新教育内容，注重跨学科知识的融合和更新，以适应智能化时代的需求。会计教育需要积极探索新型教学方式，加强在线教育平台的建设和教学资源的整合，提升教师和学生的信息化素养。同时，会计教育还需要建立起更加科学、全面、个性化的评价体系，以更好地评估学生的学习成果和

发展潜力。

然而改革并非一蹴而就，在推进会计教育体系改革的过程中，需要充分考虑教育资源的配置、教师的培训和学生的适应性问题。同时，还需要关注智能化技术的不断更新和发展，及时调整和优化会计教育的内容和方式。

值得注意的是，智能化技术虽然带来了挑战，但也为会计教育体系的改革提供了有力的支持。利用智能化技术，可以更加高效地整合教育资源、提升教学质量、优化学习体验。因此在应对挑战的同时，也应该积极拥抱智能化技术，探索其在会计教育中的更多应用场景和可能性。

总之，智能化技术给传统会计教育体系带来了多方面的挑战，但同时也为其改革提供了机遇。需要以开放的心态和创新的思维来应对这些挑战和机遇，推动会计教育体系的现代化和高质量发展。只有这样，才能培养出更多适应智能化时代需求的会计人才，为社会的经济发展做出更大的贡献。

二、智能化环境下会计教育体系的改革方向

在智能化技术日益渗透到会计教育的各个层面的背景下，会计教育体系的改革显得尤为迫切。这种改革不仅仅是技术层面的更新，更是教育理念、教育内容和教育方法的全面革新。

会计教育体系的改革需要明确智能化环境下的教育目标。传统的会计教育注重培养学生的核算技能和理论基础，而智能化环境下，会计教育应更加注重培养学生的数据分析、信息处理和决策支持能力。因此教育目标应转向培养具备创新思维、跨学科知识和实践能力的高素质会计人才。

会计教育应调整和优化教育内容。在智能化技术的推动下，会计行业对人才的需求发生了深刻变化。会计教育应紧跟时代步伐，将智能化技术、大数据分析、云计算等前沿知识融入教学内容中，同时加强与其他学科的交叉融合，形成具有时代特色的会计知识体系。

教学方法和手段的创新也是会计教育体系改革的重要方向。智能化技术为会计教育提供了丰富的教学资源和手段，如在线教育、虚拟仿真、智能辅导等。会计教育应充分利用这些技术和手段，打破传统课堂的限制，实现教

学的个性化和高效化。同时，还应注重培养学生的自主学习能力和团队协作精神，以适应未来职场的需求。

在评价体系方面，会计教育也应进行相应的改革。传统的以考试成绩为主的评价体系已无法满足智能化环境下的教育需求。会计教育应建立多元化的评价体系，综合考虑学生的学习过程、实践能力、创新思维等多方面因素，以更全面地评估学生的学习成果和发展潜力。

智能化环境对会计教育师资队伍的建设也提出了新的要求。教师不仅需要具备扎实的会计专业知识，还需要掌握智能化技术和教育教学的最新理念。因此加强教师培训、提升教师的信息素养和教育教学能力成为会计教育体系改革的重要任务。

同时，会计教育体系的改革还需要关注与行业的紧密对接。智能化技术的应用使得会计行业发生了深刻变革，会计教育应加强与行业的合作与交流，了解行业的最新动态和人才需求，以便更好地调整教育内容和方式，培养出更符合行业需求的会计人才。

在推进会计教育体系改革的过程中，还需要注意平衡传统与创新的关系。虽然智能化技术为会计教育带来了诸多机遇和挑战，但传统会计教育的优秀经验和做法仍值得借鉴和发扬。因此在改革中应充分吸收传统教育的精髓，同时结合智能化技术的特点进行创新，形成具有中国特色的会计教育体系。

智能化环境下会计教育体系的改革应着重于明确教育目标、调整和优化教育内容、创新教学方法和手段、改革评价体系、加强师资队伍建设以及加强与行业的对接等方面。通过这些改革措施的实施，可以推动会计教育体系的现代化和高质量发展，为培养高素质会计人才提供有力保障。

然而改革并非一蹴而就，需要各方共同努力和持续探索。政府部门应加大对会计教育的投入和支持力度，制定相关政策措施推动改革进程；教育机构应积极探索和实践改革措施，不断提升教育质量和水平；社会各界也应关注和支持会计教育体系的改革，共同推动会计教育的繁荣发展。

在智能化技术的推动下，会计教育体系的改革将是一个持续不断的过程。需要保持开放的心态和创新的思维，不断应对和把握智能化环境带来的新挑战和新机遇。只有这样，才能培养出更多适应未来会计行业发展需求的高素质人才，为社会的经济发展做出更大的贡献。

三、智能化技术在会计教育质量评估中的应用

在会计教育质量评估中，智能化技术的应用正在改变传统的评估方式，为教育质量的提升和持续改进提供有力的支持。传统的质量评估往往依赖于人工收集和分析数据，效率低下且容易出错；而智能化技术通过自动化和数据分析，为教育质量评估带来了更高的效率和准确性。

首先，智能化技术可以通过数据挖掘和分析技术，对学生的学习数据进行深度挖掘。这些数据包括但不限于学生的学习成绩、学习进度、学习时长、学习行为等，从而全面反映学生的学习状况。对这些数据进行分析，可以找出学生在学习过程中的问题和困难，为教学改进提供数据支持。

其次，智能化技术可以实现个性化的学习评估和反馈。传统的评估方式往往只能提供笼统的评价结果，无法针对每个学生的具体情况进行反馈。而智能化技术可以根据学生的学习数据和表现，为每个学生提供个性化的评估报告和建议，帮助他们更好地了解自己的学习状况，制订针对性的学习计划。

再次，智能化技术可以通过机器学习和人工智能技术，对教学质量进行预测和评估。通过对历史数据的分析和学习，教育机构可以构建出预测模型，对教学质量进行预测和评估。这种预测和评估可以帮助教育机构提前发现潜在的问题，制定改进措施，从而不断提升教学质量。

最后，智能化技术还可以促进教育质量的持续改进。通过对评估结果的跟踪和分析，可以找出教学中存在的问题和不足，制定改进措施并实施。这种持续改进的过程可以帮助教育机构不断提升教学质量，为学生提供更好的学习体验。

然而智能化技术在会计教育质量评估中的应用也面临着一些挑战。例如，如何确保数据的准确性和完整性，如何保护学生的隐私和数据安全，如何确保评估结果的公正性和客观性等问题都需要认真考虑和解决。

智能化技术在会计教育质量评估中的应用具有重要的价值和意义。智能

化技术的应用，可以更加全面、准确、高效地评估教育质量，为教学质量的改进和持续提升提供有力的支持。未来，随着技术的不断发展和完善，相信智能化技术在会计教育质量评估中的应用将会更加广泛和深入。

四、智能化技术对会计教育政策制定的影响

随着智能化技术的快速发展和广泛应用，会计教育正面临着前所未有的变革。在这一背景下，会计教育政策的制定也受到了深刻影响。智能化技术不仅改变了会计教育的实施方式和手段，也对教育政策的制定提出了新的挑战和要求。

首先，智能化技术推动了会计教育政策制定的科学化。传统的会计教育政策制定往往依赖于经验和直觉，缺乏科学的数据支持和实证分析；而智能化技术通过大数据分析和人工智能技术，能够实现对会计教育数据的全面采集和深度挖掘，为政策制定提供更为精准和科学的依据。对学生的学习行为、学习成果、就业情况等数据进行综合分析，可以更加准确地把握会计教育的现状和发展趋势，为政策制定提供有力的支持。

其次，智能化技术促进了会计教育政策制定的个性化。传统的会计教育政策往往采用一刀切的方式，难以满足不同学生的个性化需求；而智能化技术则能够根据学生的学习特点和需求，提供个性化的学习资源和路径。因此在政策制定中，也应充分考虑学生的个性化需求，制定差异化的教育政策，以更好地满足学生的学习需求和发展潜力。

最后，智能化技术还对会计教育政策制定的国际化和开放性提出了更高的要求。随着全球化的加速和信息技术的普及，会计教育已经成为一个国际化的领域。智能化技术使得跨国界的交流和合作变得更加便捷和高效。因此在制定会计教育政策时，需要充分考虑国际视野和开放思维，借鉴和吸收国际先进的教育理念和实践经验，推动会计教育的国际化发展。

然而智能化技术对会计教育政策制定的影响并非全然积极。在享受智能化技术带来的便利和效率的同时，也需要警惕其可能带来的问题和挑战。例如，智能化技术的快速更新和迭代可能导致教育政策制定者难以跟上技术的

步伐，从而制定出滞后或不适用的政策。过度依赖智能化技术也可能导致政策制定过程中的主观判断和人为因素被削弱，从而影响政策的合理性和有效性。

因此在制定会计教育政策时，需要理性看待智能化技术的作用和影响。即要充分利用智能化技术带来的优势和便利，要注重发挥其辅助作用，避免过度依赖和滥用技术。同时，政策制定者还需要保持对会计教育领域的深入了解和敏锐洞察，结合实际情况和具体需求，制定出既符合时代要求又具有可操作性的会计教育政策。

随着智能化技术的不断发展，会计教育政策制定也需要不断更新和完善。政策制定者需要密切关注智能化技术的最新动态和趋势，及时调整和优化会计教育政策的内容和方向。同时，还需要加强与相关领域的合作和交流，共同推动会计教育的创新和发展。

总之，智能化技术对会计教育政策的制定产生了深远的影响。在制定会计教育政策时，需要充分考虑智能化技术的特点和优势，结合实际情况和具体需求，制定出既符合时代要求又具有可操作性的会计教育政策。同时，还需要保持对技术的敏锐洞察和更新意识，不断推动会计教育的创新和发展。科学、个性化、国际化和开放性的政策的制定，可以更好地应对智能化技术带来的挑战和机遇，推动会计教育迈向更加美好的未来。

参考文献

［1］陈鑫. 大数据背景下企业财务管理研究［J］. 营销界，2022（14）：98-100.

［2］何堃. 智能会计关键技术及应用场景研究［J］. 中国管理会计，2021（4）：27-37.

［3］何颖. 智能化背景下财务会计向管理会计的转型研究［J］. 投资与创业，2024，35（3）：83-85.

［4］金晓欧，常明哲. 人工智能+会计：企业财务发展与应对［J］. 老字号品牌营销，2023（17）：108-110.

［5］李佳一. 财务智能化时代高校财务管理转型的思考［J］. 中国注册会计师，2023（7）：94-97.

［6］李昀. 智能化在财务会计上的应用［J］. 中国产经，2022（10）：50-52.

［7］李强. 企业会计智能化转型路径研究［J］. 财务与会计，2023（24）：42-45.

［8］李元惠. 会计信息化在企业财务管理中的作用和影响研究［J］. 经营管理者，2022（7）：69-71.

［9］刘小飞. 基于管理会计智能化的企业财务管理体系优化策略探讨［J］. 企业改革与管理，2023（4）：126-128.

［10］刘圆圆，罗钢. 企业财务智能化转型中传统会计与管理会计的融合发展［J］. 今日财富，2021（6）：138-139.

［11］廖聪玲，李晓宏，张晓健. 数字经济时代管理会计工具在公立医院运营管理中的应用研究［J］. 商业会计，2022（17）：87-91.

［12］奚瑞红. 中国式现代化进程中会计技术创新与发展研究［J］. 北方经贸，2023（8）：90-92.

［13］丘美英. 人工智能背景下企业财务管理转型发展路径研究［J］. 会计师，2022（8）：23-25.

［14］宋玉爽. 会计智能化趋势下的企业财务管理分析［J］. 中国市场，2023（26）：154-157.

［15］陶嘉琦. 管理会计智能化赋能企业高质量发展的策略研究［J］. 营销界，2023（1）：104-106.

［16］王建高. 事业单位会计信息化到智能化发展研究［J］. 行政事业资产与财务，2023（5）：61-63.

［17］王晓晴，王洪强. 智能化对会计的影响及会计的发展趋势［J］. 老字号品牌营销，2023（5）：73-76.

［18］吴显波. 新会计准则对企业财务管理与会计实务的影响［J］. 财富生活，2022（2）：136-138.

［19］闫宁. 会计信息化对企业财务管理的影响及对策［J］. 财会学习，2022（15）：5-7.

［20］杨昌彦，江芊. 会计智能化的发展方向及其对会计实务工作的影响［J］. 中国农业会计，2024（7）：24-26.

［21］雅睿. 智能化时代财务会计向管理会计转型的策略探讨［J］. 中国农业会计，2023，33（18）：27-29.

［22］张歆悦. 国有企业会计智能化面临的困境及应对策略［J］. 今日财富，2024（4）：104-106.

［23］张晓涛，田高良. 基于数字经济时代智能财务的发展思路［J］. 财会通讯，2023（6）：3-8.

［24］周新燕，戴文娟. 政府会计制度下的医院智能化财务管理框架设计［J］. 卫生经济研究，2020（5）：65-68.

［25］朱淑艳. 基于计算机智能化技术的医院财务管理系统设计与应用研究［J］. 数字通信世界，2024（2）：123-125.

［26］朱巍. 智能化时代下企业财务管理职能转型研究［J］. 商场现代化，2022（9）：134-136.

［27］周新燕，戴文娟. 政府会计制度下的医院智能化财务管理框架设计［J］. 卫生经济研究，2020，37（5）：65-68.

［28］赵燕. 财务管理信息化建设的初步思考［J］. 中国中小企业，2023（3）：105-107.

［29］郑俊. 财务会计的智能化发展研究［J］. 财经界，2024（1）：117-119.